Guttentagsche Sammlung Deutscher Reichsgesetze
Nr. 229 Kommentare und erläuterte Textausgaben Nr. 229

Körperschaftsteuergesetz

vom 16. Oktober 1934

in der Fassung des Gesetzes Nr. 12 der Alliierten Kontrollbehörde (Kontrollrat) vom 11. Februar 1946

Textausgabe
mit kurzen Erläuterungen

von

Dr. Hermann Wagelaar
Wirtschaftsprüfer

Berlin 1947

Walter de Gruyter & Co.

vormals G. J. Goschen'sche Verlagshandlung - J. Guttentag, Verlagsbuchhandlung - Georg Reimer - Karl J. Trübner - Veit & Comp.

Archiv-Nr. 211 229
2200. 3 47 Druck: Otto Walter, Berlin SW 29
Gen.Nr. 2583.
Printed in Germany.

Vorwort

Das bisher gültige Körperschaftsteuergesetz vom 16. Oktober 1934 hat durch das Gesetz Nr. 12 der Alliierten Kontrollbehörde vom 11. Februar 1946 verschiedene Änderungen erfahren. Die neuen Vorschriften finden ab 1. Januar 1946 Anwendung.

Der Verlag hat sich sofort nach Erscheinen des Gesetzes Nr. 12 trotz aller Schwierigkeiten der derzeitigen Verhältnisse in dankenswerter Weise entschlossen, eine Textausgabe mit kurzen Erläuterungen des Körperschaftsteuergesetzes in seiner jetzt gültigen Form herauszubringen. Dabei sind die einschlägigen Vorschriften des Einkommensteuergesetzes, die weitgehend auch auf die Körperschaftsteuer Anwendung finden, einschließlich der noch in Geltung befindlichen Durchführungsverordnungen und der Einkommensteuerrichtlinien 1941 sowie der Einkommensteuerergänzungsrichtlinien 1943 mit verwertet worden. Die Rechtsprechung des Reichsfinanzhofes seit dem Jahre 1939 ist ebenfalls berücksichtigt, soweit sie im Reichssteuerblatt veröffentlicht wurde.

Die vorliegende Ausgabe ist für die ersten Bedürfnisse der Praxis bestimmt, die um so dringlicher sein dürften, weil durch die Kriegsereignisse die bisher vorliegende Literatur zum größten Teil vernichtet worden ist. Einer weiteren Auflage wird es vorbehalten sein, die Erläuterungen zu vertiefen, Zweifelsfragen zu klären und die kommende Rechtsprechung zu berücksichtigen.

Der Verfasser.

Inhaltsübersicht

Anhang

Verzeichnis der Abkürzungen

BGB.	=	Burgerliches Gesetzbuch
Erste EStDVO.	=	Erste Verordnung zur Durchführung des Einkommensteuergesetzes vom 6. Februar 1935
Erste KStDVO.	=	Erste Verordnung zur Durchführung des Körperschaftsteuergesetzes vom 6. Februar 1935
EStG.	=	Einkommensteuergesetz
EStDV.	=	Einkommensteuer - Durchführungsverordnung für 1941
EStR. fur 1939	=	Einkommensteuer-Richtlinien und Körperschaftsteuerrichtlinien für 1939 vom 15. Januar 1940
EStR. 1941	=	Einkommensteuer-Richtlinien für 1941
EStErgR. 1943	=	Einkommensteuer-Ergänzungsrichtlinien für 1943
GenGes.	=	Genossenschaftsgesetz
HGB.	=	Handelsgesetzbuch
KStG.	=	Körperschaftsteuergesetz
KStER.	=	Körperschaftsteuer - Ergänzungsrichtlinien vom 22. Februar 1941
Rderl.	=	Runderlaß
RdF.	=	Reichsminister der Finanzen
RFH.	=	Entscheidungen des Reichsfinanzhofs
RFM.	=	Erlaß des Reichsministers der Finanzen
RGBl.	=	Reichsgesetzblatt
RStBl.	=	Reichssteuerblatt
StAnpG.	=	Steueranpassungsgesetz

Einleitung

Das erste Körperschaftsteuergesetz wurde unter dem 30. März 1920 erlassen. Im Zuge der damaligen Reichsfinanzreform war die Steuerfreiheit auf dem Gebiete der Einkommensbesteuerung von den Ländern auf das Reich übergegangen. Die Einkommensbesteuerung der natürlichen Personen wurde gleichzeitig im Einkommensteuergesetz vom 29. März 1920 geregelt. Für die Einkommensbesteuerung der juristischen Personen sowie bestimmter nichtrechtsfähiger Personenvereinigungen und Vermögensmassen, mit einem Worte, der Körperschaften, schuf man das Körperschaftsteuergesetz. Es hatte sich nämlich als untunlich erwiesen, beide Gruppen von Steuerpflichtigen wie bisher in einem Gesetz steuerlich zu erfassen. Es finden jedoch verschiedene grundlegende Vorschriften des Einkommensteuergesetzes auch auf die Körperschaften Anwendung.

Nach Beendigung der Inflation und nach Abschluß der dadurch hervorgerufenen Notgesetzgebung wurde ein neues Körperschaftsteuergesetz unter dem 10. August 1925 erlassen. An seine Stelle trat dann später das Körperschaftsteuergesetz vom 16. Oktober 1934, welches mit verschiedenen Ergänzungen bis jetzt in Geltung geblieben ist.

Nach dem Zusammenbruch des Dritten Reiches hat der Kontrollrat unter dem 11. Februar 1946 das Gesetz Nr. 12 zur Änderung der Gesetzgebung in bezug auf Einkommensteuer, Körperschaftsteuer und Gewinnabführung erlassen, wodurch neben grundlegenden Änderungen des Einkommensteuergesetzes die Steuersätze für die Körperschaftsteuer eine wesentliche Erhöhung erfahren haben.

Die Körperschaftsteuer ist ebenso wie die Einkommensteuer eine Personalsteuer. Sie stand bisher in der Reihe der Besitz- und Verkehrsteuern hinsichtlich ihres Aufkommens an dritter Stelle. Höher war nur das Aufkommen an Einkommen- und Umsatzsteuer. Wirtschaftlich wirkt sie sich bei denjenigen Körperschaften, die ihren Gewinn ausschütten, für die Beteiligten als Doppelbesteuerung aus. Wie sich in Zukunft die Körperschaftsteuer sowohl im öffentlichen Haushalt als auch bei den steuerpflichtigen Körperschaften finanziell auswirken wird, läßt sich zur Zeit noch nicht übersehen.

Körperschaftsteuergesetz

vom 16. Oktober 1946 in der Fassung des Gesetzes Nr. 12 der Alliierten Kontrollbehörde (Kontrollrat) vom 11. Februar 1946

Allgemeine Grundsätze

Alle deutschen Steuergesetze sind ohne Unterschied der Rasse, des Glaubens, der Staatsangehörigkeit oder der politischen Einstellung anzuwenden. Alle gesetzlichen Bestimmungen, die mit diesem Grundsatz unvereinbar sind, werden aufgehoben, insbesondere diejenigen, die vorschreiben, daß die deutschen Steuergesetze im nationalsozialistischen Geiste zu verstehen und auszulegen sind

Durch eine Verordnung des Alliierten Kontrollrates für Deutschland, veröffentlicht im Verordnungsblatt der Stadt Berlin Nr. 9 vom 10. Oktober 1945, war bereits allgemein bestimmt worden, daß kein deutsches Gesetz rechts- oder verwaltungsmäßig anzuwenden sei, durch welches entweder irgendeine Person wegen ihres Verhältnisses zur NSDAP, ihren Formationen oder von ihr geleiteten Organisationen bevorzugt wurde oder irgendeine Person auf Grund ihrer Rasse, Nationalität, Glaubenszugehörigkeit oder Opposition zur NSDAP. und ihren Lehren diskriminiert wurde.

Dieser Grundsatz wird nunmehr durch das Gesetz Nr. 12 auch noch besonders für das Gebiet des Steuerrechts verkündet. Damit ist besonders die Bestimmung des § 1 des StAnpGes., wonach die Steuergesetze nach nationalsozialistischer Weltanschauung auszulegen waren, aufgehoben. Weiter in Geltung verblieben sind für das Gebiet des Körperschaftsteuerrechts, soweit sie sich auf die Besteuerung der Körperschaften beziehen, unter anderem die Bestimmungen des

Einkommensteuergesetzes, der EStDV., der EStR. 1941 und der EStER. 1943 sowie der Ersten KStDVO. und die VO. über die Korperschaftsteuer der Erwerbs- und Wirtschaftsgenossenschaften vom 8. Dezember 1939, sofern sie nicht den allgemeinen Grundsatzen zuwiderlaufen oder durch das Gesetz Nr. 12 aufgehoben oder geändert sind.

I. Steuerpflicht

§ 1

Unbeschränkte Steuerpflicht

(1) Unbeschränkt körperschaftsteuerpflichtig sind die folgenden Körperschaften, Personenvereinigungen und Vermögensmassen, die ihre Geschäftsleitung oder ihren Sitz im Inland haben:

1. Kapitalgesellschaften (Aktiengesellschaften, Kommanditgesellschaften auf Aktien, Gesellschaften mit beschränkter Haftung, Kolonialgesellschaften, bergrechtliche Gewerkschaften),
2. Erwerbs- und Wirtschaftsgenossenschaften,
3. Versicherungsvereine auf Gegenseitigkeit,
4. sonstige juristische Personen des privaten Rechts,
5. nichtrechtsfähige Vereine, Anstalten, Stiftungen und andere Zweckvermögen,
6. Betriebe gewerblicher Art von Körperschaften des öffentlichen Rechts.

(2) Die unbeschränkte Körperschaftsteuerpflicht erstreckt sich auf sämtliche Einkünfte.

Ebenso wie das EStG. unterscheidet das KStG. zwei Arten der Steuerpflicht, nämlich die unbeschränkte Steuerpflicht und die beschrankte Steuerpflicht.

Das Wesen der unbeschrankten Steuerpflicht besteht darin, daß alle sieben Einkunftsarten des § 2 Absatz 3 EStG. derselben unterliegen, nämlich die Einkünfte aus Land- und Forstwirtschaft, aus Gewerbebetrieb, aus selbständiger und nichtselbständiger Arbeit, aus Kapitalvermögen, aus Vermietung und Verpachtung und sonstige Einkünfte im Sinne des § 22 EStG. (wiederkehrende Bezüge, Spekulationsgewinne, Leistungseinkünfte).

Der Kreis der unbeschränkt steuerpflichtigen Körperschaften erstreckt sich auf diejenigen Körperschaften, Personenvereinigungen und Vermögensmassen, die ihre Geschäftsleitung oder ihren Sitz im Inland haben. Geschäftsleitung im Sinne der Steuergesetze ist gemäß § 15 StAnpG. der Mittelpunkt der geschäftlichen Oberleitung.

Der Sitz im Sinne der Steuergesetze ist der Ort, der durch Gesellschaftsvertrag, Vereinssatzung, Stiftungsgeschäft oder dergleichen bestimmt ist. Fehlt es an einer solchen Bestimmung, so gilt als Sitz der Ort, an dem sich die Geschäftsleitung befindet oder die Verwaltung geführt wird.

Die unbeschränkt steuerpflichtigen Körperschaften zerfallen in Kapitalgesellschaften, Erwerbs- und Wirtschaftsgenossenschaften, Versicherungsvereine auf Gegenseitigkeit, sonstige juristische Personen des privaten Rechts, nichtrechtsfähige Vereine, Anstalten, Stiftungen und andere Zweckvermögen und endlich in Betriebe gewerblicher Art von Körperschaften des öffentlichen Rechts.

Als Kapitalgesellschaften gelten die Aktiengesellschaften, Aktienkommanditgesellschaften, Gesellschaften mit beschränkter Haftung, Kolonialgesellschaften und bergrechtliche Gewerkschaften.

Die Rechtsverhältnisse der Aktiengesellschaften und Aktienkommanditgesellschaften sind im Gesetz über Aktiengesellschaften und Kommanditgesellschaften auf Aktien vom 30. Januar 1937 geregelt, die der Gesellschaften m. b. H. im Gesetz, betreffend die Gesellschaften mit beschränkter Haftung in der Fassung vom 28. Juni 1926.

Die Rechtsverhältnisse der Kolonialgesellschaften ergeben sich aus dem Schutzgebietsgesetz vom 17. April 1886 in der Fassung vom 10. September 1900, während die Rechtsverhältnisse der bergrechtlichen Gewerkschaften durch landesgesetzliche Vorschriften geregelt sind.

Die Erwerbs- und Wirtschaftsgenossenschaften haben ihre rechtliche Regelung gefunden im Reichsgesetz betreffend die Erwerbs- und Wirtschaftsgenossenschaften. Hinsichtlich der Haftarten unterscheidet man nunmehr die eingetragene

Genossenschaft mit unbeschränkter Haftpflicht und die eingetragene Genossenschaft mit beschränkter Haftpflicht. Die Genossenschaften mit unbeschränkter Nachschußpflicht, die früher außerdem bestanden, sind seit 1. Januar 1934 beseitigt.

Die Rechtsverhältnisse der Versicherungsvereine auf Gegenseitigkeit sind im Gesetz über die Beaufsichtigung der privaten Versicherungsunternehmungen und Bausparkassen geregelt. Sie erhalten ihre Rechtsfähigkeit durch Erlaubnis der Aufsichtsbehörde.

Unter sonstige juristische Personen des privaten Rechts werden insbesondere die rechtsfähigen Vereine verstanden. deren Zweck nicht auf einen wirtschaftlichen Geschäftsbetrieb gerichtet ist und die rechtsfähigen Stiftungen. Ihre Rechtsverhältnisse sind im BGB. geregelt.

Die Rechtsverhältnisse der nichtrechtsfähigen Vereine sind im § 54 des BGB. geregelt. Der nichtrechtsfähige Verein ist jedoch keine Gesellschaft bürgerlichen Rechts. Bei den unselbständigen Anstalten und Stiftungen muß es sich um selbständige Vermögensmassen handeln, die einem bestimmten Zwecke gewidmet sind. Eine unselbständige Stiftung liegt vor, wenn ein Vermögen jemanden zugewendet wird mit der Vorschrift, dasselbe nicht für eigene Zwecke, sondern für einen dauernden Zweck, den der Zuwendende bei der Zuwendung bestimmt hat, zu verwenden, so daß der Empfänger des Vermögens nur die Stellung eines Treuhänders oder Verwalters dieses Zweckvermögens erlangt. Das Vermögen kann durch Einzelgaben eines oder mehrerer Stifter oder durch öffentliche Sammlung aufgebracht sein, der Stiftungsverwalter kann eine natürliche oder juristische Person, z. B. eine Kirche, ein religiöser Orden, eine Universität usw. sein. Durch bloße Absonderung und getrennte Verwaltung eines Vermögensbestandteils von einer einzelnen natürlichen oder juristischen Person kann eine unselbständige Stiftung nicht errichtet werden (RFH. Bd. 7 S. 180).

Andere nichtrechtsfähige Zweckvermögen können entstehen durch öffentliche Sammlungen für einen vorübergehenden Zweck, z. B. zur Beseitigung der ersten Not bei einer Überschwemmungskatastrophe.

Hinsichtlich der Betriebe gewerblicher Art von Körperschaften des öffentlichen Rechts bestimmt die Erste Verordnung zur Durchführung des Körperschaftsteuergesetzes vom 6. Februar 1935 folgendes:

§ 1

Betriebe gewerblicher Art von Körperschaften des öffentlichen Rechts

(1) Zu den Betrieben gewerblicher Art von Körperschaften des öffentlichen Rechts gehören alle Einrichtungen, die einer nachhaltigen wirtschaftlichen Tätigkeit zur Erzielung von Einnahmen oder anderen wirtschaftlichen Vorteilen dienen. Die Absicht, Gewinn zu erzielen, ist nicht erforderlich.

(2) Die Einrichtung ist als Betrieb gewerblicher Art nur dann steuerpflichtig, wenn sie sich innerhalb der Gesamtbetätigung der Körperschaft wirtschaftlich heraushebt. Diese wirtschaftliche Selbständigkeit kann in einer besonderen Leitung, in einem geschlossenen Geschäftskreis, in der Buchführung oder in einem ähnlichen auf eine Einheit hindeutenden Merkmal bestehen. Daß die Bücher bei einer anderen Verwaltung geführt werden, ist unerheblich.

(3) Die Verpachtung eines Betriebes, der nach den Absätzen 1 und 2 steuerpflichtig wäre, wenn er vom Verpächter unmittelbar betrieben würde, steht einem Betrieb gewerblicher Art gleich. Das gleiche gilt für jede andere entgeltliche Überlassung von Einrichtungen, Anlagen oder Rechten zu Betriebszwecken dieser Art.

§ 2

Versorgungsbetriebe

(1) Zu den Betrieben gewerblicher Art gehören auch die Betriebe, die der Versorgung der Bevölkerung mit Wasser, Gas, Elektrizität oder Wärme, dem öffentlichen Verkehr oder dem Hafenbetrieb dienen.

(2) Die Körperschaftsteuer der öffentlichen Versorgungsbetriebe wird nach Maßgabe des § 39 des Steueranpassungsgesetzes vom 16. Oktober 1934 und der §§ 38 bis 40 dieser Verordnung den Körperschaften überwiesen, denen die Erträge dieser Betriebe zufließen.

§ 3

Land- und forstwirtschaftliche Betriebe

Land- und forstwirtschaftliche Betriebe von Körperschaften des öffentlichen Rechts sind steuerfrei.

§ 4

Hoheitsbetriebe

(1) Betriebe von Körperschaften des öffentlichen Rechts, die überwiegend der Ausübung der öffentlichen Gewalt dienen (Hoheitsbetriebe), gehören nicht zu den Betrieben gewerblicher Art. Eine Ausübung der öffentlichen Gewalt ist insbesondere anzunehmen, wenn es sich um Leistungen handelt, zu deren Annahme der Leistungsempfänger auf Grund gesetzlicher oder behördlicher Anordnung verpflichtet ist. Hierher gehören z. B. Forschungsanstalten, Wetterwarten, Schlachthöfe, Friedhöfe, Anstalten zur Nahrungsmitteluntersuchung, zur Desinfektion, zur Leichenverbrennung, zur Müllbeseitigung, zur Straßenreinigung und zur Abführung von Spülwasser und Abfällen.

(2) Die Steuerpflicht der Versorgungsbetriebe (§ 2 Absatz 1) und der öffentlich-rechtlichen Versicherungsanstalten (§§ 23 ff.) bleibt unberührt.

§ 5

Rechtsform

(1) Ein Betrieb gewerblicher Art ist auch dann unbeschränkt steuerpflichtig, wenn er selbst eine Körperschaft des öffentlichen Rechts ist.

(2) Betriebe, die in eine privatrechtliche Form gekleidet sind, werden nach den für diese Rechtsform geltenden Vorschriften besteuert.

§ 6

Eintritt in die Steuerpflicht

Wird ein Betrieb gewerblicher Art erst nach den Vorschriften des Körperschaftsteuergesetzes vom 16. Okto-

ber 1934 steuerpflichtig, so ist der Unterschiedsbetrag zwischen dem Betriebsvermögen am Schluß des Wirtschaftsjahres und dem Betriebsvermögen am Schluß des vorangegangenen Wirtschaftsjahres (§ 4 des Einkommensteuergestzes) festzustellen. Die hierbei zu vergleichenden Betriebsvermögen sind nach den gleichen Grundsätzen zu ermitteln.

Aus der Rechtsprechung des RFH.

§ 1 Absatz 1 Ziffer 1

Die Umwandlung einer Kapitalgesellschaft in eine solche anderer Rechtsform bewirkt stets das Erlöschen der Steuerpflicht der bisherigen Kapitalgesellschaft und das Entstehen der Steuerpflicht der Kapitalgesellschaft neuer Rechtsform, und zwar auch dann, wenn nach Handelsrecht die Rechtspersönlichkeit der bisherigen Kapitalgesellschaft in der veränderten Rechtsform weiterbesteht.

(RFH.-Urteil vom 13. Februar 1940 I 177/39, RStBl. 1940 Nr. 619)

§ 1 Absatz 1 Ziffer 4

Tierzuchtverbände, deren gesamte Betätigung sich steuerlich als wirtschaftlicher Geschäftsbetrieb darstellt, können durch die Haltung von Vatertieren zu Zuchtzwecken (z. B. Bullenhaltung) einen landwirtschaftlichen Betrieb begründen.

(RFH.-Urteil vom 24. August 1944 I/31/44, RStBl. 1945 Nr. 30)

Ein Kreditinstitut, das von seinen Mitgliedern Mittel erhält und aus diesen Mitteln seinen Mitgliedern Kredite gewährt, kann als gemeinnützig nicht anerkannt werden.

(RFH.-Urteil vom 3. März 1943 VI a 44/42, RStBl. 1943 Nr. 225)

Einkünfte aus wirtschaftlichem Geschäftsbetrieb der unter § 1 Absatz 1 Ziffern 4 und 5, § 4 Absatz 1 Ziffer 6 KStG. fallenden Personenvereinigungen usw. werden auch unter der Geltung des § 11 der Ersten KStDV. wie Einkünfte aus Gewerbebetrieb behandelt.

(RFH.-Urteil vom 28. April 1942 I 125/40, RStBl. 1942 Nr. 448)

Spenden, mit denen die Missionsgesellschaften der äußeren evangelischen Mission ihre Aufgaben erfüllen, sind körperschaftsteuerpflichtiges Einkommen der Missionsgesellschaften, wenn die Missionsgesellschaften betrieben werden

a) als Körperschaften im Sinne von § 1 Absatz 1 Ziffer 4 und 5 des Körperschaftsteuergesetzes und es sich um wiederkehrende freiwillige Zuwendungen von nicht unbeschränkt steuerpflichtigen Gebern handelt,

b) als Kapitalgesellschaften und die Spenden ohne Zweckbestimmung gegeben werden.

(RFH.-Urteil vom 31. August 1940 Gr. S. D. 4/40, RStBl. 1940 Nr. 837)

§ 1 Absatz 1 Ziffer 5

. Vermögensgegenstände, die der Schuldner dem Gläubiger verpfändet oder sicherungshalber übereignet, bilden trotz der dem Schuldner auferlegten Verfügungsbeschränkungen kein Zweckvermögen im Sinne des § 1 Absatz 1 Ziffer 5 KStG.

(RFH.-Urteil vom 15. Dezember 1942 I 123/41, RStBl. 1943 Nr. 189)

Ein von der Ortskrankenkasse und einem Ärzteverein gemeinschaftlich geschaffenes und geführtes Röntgeninstitut ist nicht notwendig körperschaftsteuerpflichtig.

(RFH.-Urteil vom 8. Oktober 1940 I 103/40, RStBl. 1941 Nr. 409)

Im Gegensatz zu einer Familienstiftung ist ein Familienfideikommiß nicht körperschaftsteuerpflichtig.

(RFH.-Urteil vom 14. Oktober 1941 I 54/41, RStBl. 1941 Nr. 971)

Auch Gepäckträgergemeinschaften können steuerpflichtige Körperschaften darstellon.

(RFH-Urteil vom 11. November 1941 I 152/41, RStBl. 1941 Nr. 980)

Gelder, die eine Arbeitsgemeinschaft bei ihren Mitgliedern sammelt, sind keine Einkünfte eines Zweckvermögens. Wenn die Gelder nicht zur Bildung eines Vermögens dienen, sondern alsbald im Auftrag und im Interesse der Einzahler verbraucht werden sollen, so liegt kein Zweckvermögen vor.

Wenn die Tätigkeit eines Vereins sich darauf beschränkt, Gelder der Mitglieder zu sammeln und die gesammelten Gelder alsbald im Auftrag und im Interesse der Mitglieder einem Verbrauchszweck zuzuführen, so können die Gelder dem Verein nicht als Einnahmen zugerechnet werden.

(RFH.-Urteil vom 16. Juli 1940 I 389/39, RStBl. 1940 Nr. 726)

Unter besonderen Umständen ist es möglich, in einer ungeteilten Erbmasse ein körperschaftsteuerpflichtiges Zweckvermögen zu sehen.

(RFH.-Urteil vom 2. August 1940 I 250/40, RStBl. 1940 Nr. 839)

§ 1 Absatz 1 Ziffer 6

Werden mehrere Versorgungsbetriebe einer Gemeinde zu einem Betrieb vereinigt, so kann das Eigenkapital des vereinigten Betriebs auf keinen Fall niedriger sein als das Eigenkapital, das für einen der bisherigen Einzelbetriebe notwendig war.

(RFH.-Urteil vom 20. Juli 1943 I 147/42, RStBl. 1943 Nr. 837)

Erläßt eine Gemeinde ihrem Betrieb gewerblicher Art eine Schuld, so wendet sie dadurch dem Betrieb Vermögen in der Art einer Einlage zu.

(RFH.-Urteil vom 4. November 1941 I 70/41, RStBl. 1942 Nr. 133)

Bei einem gemeindlichen Marktbetrieb wird nicht die einzelne Marktabhaltung, sondern die planmäßige Ausnutzung der Plätze für die Marktveranstaltungen besteuert.

(RFH.-Urteil vom 20. Januar 1942 I 101/41, RStBl. 1942 Nr. 134)

Gemeindliche Marktveranstaltungen sind regelmäßig Einrichtungen gewerblicher Art.

(RFH.-Urteil vom 20. Januar 1942 I 77/41, RStBl. 1942 Nr. 279)

Entscheidend für die Besteuerung nach § 1 Absatz 1 Ziffer 6 KStG. ist die Zusammenfassung von Verrichtungen zu einem Betrieb gewerblicher Art. Für die Gewinnermittlung ist deshalb der Umfang des Betriebs gewerblicher Art maßgebend.

Wenn in einem Betrieb, der überwiegend gewerblichen Verrichtungen dient, hoheitliche Aufgaben miterledigt werden, so sind bei der Gewinnermittlung die Verluste aus der hoheitlichen Betätigung von den Ergebnissen der gewerblichen Betätigung abzuziehen.

(RFH.-Urteil vom 19. Juni 1940 I 433/39, RStBl. 1941 Nr. 43)

Der Gesangbuchverlag einer Religionsgesellschaft des öffentlichen Rechts ist ein wirtschaftlicher Geschäftsbetrieb, der die Steuerpflicht begründet, weil er geeignet ist, steuerpflichtige Unternehmen im Wettbewerb zu schädigen.

(RFH.-Urteil vom 16. Dezember 1939 VI a 25/37, RStBl. 1941 Nr. 167)

Mehrere Werksanlagen einer Gemeinde sind steuerlich als Betriebseinheit zusammenzufassen, wenn die Werke organisatorisch und wirtschaftlich als einheitliches Unternehmen geführt werden.

Kreditaufnahmen einer Gemeinde zur Erweiterung eines Betriebes gewerblicher Art sind dem Eigenkapital des Betriebs gleichzustellen, wenn das Betriebskapital des Unternehmens so gering ist, daß — verglichen mit der Privatwirtschaft — ein leistungfähiger und kreditwürdiger Unternehmer nicht in der Lage gewesen wäre, ohne Erhöhung des Eigenkapitals die Werkserweiterung vorzunehmen.

(RFH.-Urteil vom 11. Februar 1941 I 351/40, RStBl. 1941 Nr. 284)

Wenn eine Körperschaft des öffentlichen Rechts bei der Verpachtung eines Steinbruchs die zur Führung des Betriebs erforderlichen Einrichtungen an den Unternehmer verkauft, ist eine steuerpflichtige Verpachtung nicht gegeben.

(RFH.-Urteil vom 15. Oktober 1940 I 126/40, RStBl. 1941 Nr. 453)

Mehrere Unternehmungen einer Gemeinde können nicht als einheitlicher Betrieb zusammengefaßt werden, wenn für die Unternehmungen verschiedene Wirtschaftsjahre bestimmt sind.

(RFH.-Urteil vom 4. März 1941 I 389/40, RStBl. 1941 Nr. 455)

Die von den Zusammenschlüssen der deutschen Gartenbauwirtschaft (Verordnung vom 31. Oktober 1936, RGBl. I S. 911) errichteten Bezirksabgabestellen sind Betriebe gewerblicher Art von Körperschaften des öffentlichen Rechts. Die Bezirksabgabestellen sind auch gewerbesteuerpflichtig.

(RFH.-Urteil vom 4. März 1941 I 330/40, RStBl. 1941 Nr. 456)

Ähnlich wie bei der Verpachtung eines Grundstücks sind auch bei der Verpachtung eines Rechts einer öffentlich-rechtlichen Körperschaft die Voraussetzungen des § 1 Absatz 3 der Ersten KStDV. nur dann als erfüllt anzusehen, wenn außer dem Recht Betriebsmittel anderer Art mitverpachtet sind.

Ein steuerpflichtiger Betrieb gewerblicher Art im Sinne des § 1 Absatz 1 und 2 a. a. O. kann auch angenommen werden, wenn eine Körperschaft des öffentlichen Rechts an der Ausübung eines Gewerbebetriebes in einem nicht unbedeutenden Ausmaß mitwirkt.

(RFH.-Urteil vom 12. November 1940 I 58/39, RStBl. 1941 Nr. 463)

Wenn eine Gemeinde das zur Versorgung ihrer Wohlfahrtsheime benötigte Brot selbst herstellt, so ist damit nicht ohne weiteres ein Betrieb gewerblicher Art gegeben.

(RFH.-Urteil vom 25. März 1941 I 442/40, RStBl. 1941 Nr. 464)

Gestattet eine Gemeinde einem Reklameunternehmen gegen Entgelt die Anbringung von Werbemitteln auf gemeindlichen Grundstücken oder in gemeindlichen Räumen, so ist eine körperschaftsteuerpflichtige Betriebsverpachtung gegeben, wenn die Gemeinde dem Unternehmen auch Vorrichtungen zur Anbringung der Werbemittel mitüberläßt.

(RFH.-Urteil vom 25. März 1941 I 444/40, RStBl. 1941 Nr. 542).

Eine Verpachtung eines Betriebes gewerblicher Art ist nicht gegeben, wenn eine Körperschaft des öffentlichen Rechts einem Verlagsunternehmen gegen Entgelt gestattet, amtliche Unterlagen einzusehen und gewerblich zu verwerten.

(RFH.-Urteil vom 11. Februar 1941 I 366/40, RStBl. 1941 Nr. 700)

Vermietungen oder Verpachtungen von Körperschaften des öffentlichen Rechts sind nur dann als Betriebe gewerblicher Art anzusehen, wenn die Voraussetzungen des § 1 Absatz 3 der Ersten KStDV. gegeben sind.

(RFH.-Urteil vom 28. Oktober 1939 I 414/38, RStBl. 1940 Nr. 63)

Die Verpachtung mehrerer Betriebe gewerblicher Art (im Sinne des § 1 Absatz 3 der Ersten KStDVO.) ist regelmäßig einer Mehrheit von Betrieben gleichzustellen. Nur wenn die Körperschaft des öffentlichen Rechts mehrere Betriebe zusammen an den gleichen Pächter vergibt, sind die Verpachtungen als ein Betrieb gewerblicher Art zusammenzufassen.

(RFH.-Urteil vom 10. Oktober 1939 I 377/38, RStBl. 1940 Nr. 240)

Einkünfte, die eine Körperschaft des öffentlichen Rechts aus der Verpachtung einer Kiesgrube erzielt, sind der Körperschaftsteuer nur dann unterworfen, wenn der Verpächter die zur Ausbeutung der Grube erforderliche Einrichtung beschafft hat.

Für die Heranziehung solcher Einkünfte zur Gewerbesteuer kommt es nicht darauf an, wer die Einrichtung beschafft hat, sondern darauf, ob die Tätigkeit des Verpächters während der Vertragsdauer als Gewerbebetrieb angesehen werden kann.

(RFH.-Urteil vom 26. September 1939, I 332/38, RStBl. 1940 Nr. 306)

Stellt ein von einer öffentlich-rechtlichen Körperschaft unterhaltener Fabrikationsbetrieb Gegenstände her, die zur Erfüllung von Hoheitsaufgaben benötigt werden, so ist ein Hoheitsbetrieb nur gegeben, wenn es der Schutz eines öffentlichen Gutes gebietet, die Privatwirtschaft auszuschalten und hierfür einen Betrieb der öffentlichen Hand einzurichten.

(RFH.-Urteil vom 30. April 1940 I 185/39, RStBl. 1940 Nr. 511)

Kantinen der Deutschen Reichspost sind von der Körperschaftsteuer nicht befreit.

(RFH.-Urteil vom 23. April 1940 I 258/39, RStBl. 1940 Nr. 647)

Gemeindliche Kurverwaltungen, die Kurtaxen erheben, sind in der Regel als Betriebe gewerblicher Art anzusehen.

(RFH.-Urteil vom 2. Juli 1940 I 298/39, RStBl. 1940 Nr. 687)

Die Einnahmen einer Gemeinde aus der Verpachtung von Eigenjagden sind nicht steuerpflichtig.

(RFH.-Urteil vom 2. Juli 1940 I 445/39, RStBl. 1940 Nr. 694)

Staatliche Schlachtviehversicherungsanstalten sind regelmäßig keine Hoheitsbetriebe.

(RFH.-Urteil vom 16. Juli 1940 I 166/40, RStBl. 1940 Nr. 828)

Die Beteiligung einer Körperschaft des öffentlichen Rechts an einer OHG. oder einer anderen Gesellschaft, bei der die Gesellschafter als Unternehmer (Mitunternehmer) anzusehen sind, stellt einen „Betrieb gewerblicher Art" im Sinne des § 1 Absatz 1 Ziffer 6 KStG. 1934 dar.

(RFH.-Urteil vom 8. November 1938 I 347/38, RStBl. 1939 Nr. 290)

Die gemeindliche Abhaltung von offenen Märkten kann im allgemeinen nicht als Hoheitsbetrieb anerkannt werden.

(RFH.-Urteil vom 22. November 1938 I 305/38, RStBl. 1939 Nr. 413)

Eine Bade- und Lichtheilanstalt, die von einer allgemeinen Ortskrankenkasse eingerichtet wurde, um den bei ihr gesetzlich versicherten Personen die nach Gesetz und Satzung zu leistende Heilbehandlung zu gewähren, kann ein Hoheitsbetrieb im Sinne des § 4 Erste KStDVO. sein.

(RFH.-Urteil vom 17. Dezember 1938 VI a 77/37, RStBl. 1939 Nr. 417)

In der entgeltlichen Überlassung des Rechts zur Ausnutzung von städtischen Reklamestellen für den Plakatanschlag und sonstige Reklamezwecke kann eine Ausübung öffentlicher Gewalt nicht erblickt werden.

Die Verpachtungs- oder Überlassungstätigkeit einer Körperschaft des öffentlichen Rechts, die nach § 1 Absatz 3 der Ersten KStDVO. einem Betrieb gewerblicher Art gleichsteht, braucht die Voraussetzungen des § 1 Absatz 1, 2 a. a. O. nicht zu erfüllen. Entscheidend ist, daß diese Voraussetzungen gegeben wären, wenn der Betrieb, der verpachtet ist oder zu dessen Zwecken Einrichtungen, Anlagen oder Rechte gegen Entgelt überlassen sind, von der verpachtenden oder überlassenden öffentlich-rechtlichen Körperschaft unmittelbar betrieben würde.

RFH.-Urteil vom 24. Januar 1939 I 390/38, RStBl. 1939 Nr. 509)

Eine steuerpflichtige Verpachtung ist bei Betrieben, deren Führung den Besitz eines größeren Inventars erfordert, nur dann gegeben, wenn Inventarstücke vom Verpächter beschafft und dem Pächter zur Nutzung überlassen sind.

Durch die Bestimmung des § 1 Absatz 3 Satz 2 der Ersten KStDVO. ist die Steuerpflicht nicht auf die entgeltliche Überlassung einzelner Einrichtungen, Anlagen oder Rechte zu Betriebszwecken ausgedehnt. Die Bestimmung soll nur verhindern, daß bei Betrieben gewerblicher Art die Steuerpflicht einer Verpachtung durch Verträge, die einen anderen Namen tragen, umgangen wird.

(RFH.-Urteil vom 23. August 1939 I 143/36, RStBl. 1939 Nr. 1073)

Der Betrieb einer öffentlichen Leihanstalt ist kein steuerfreier Hoheitsbetrieb, sondern ein unbeschränkt steuerpflichtiger Betrieb gewerblicher Art im Sinne des Körperschaftsteuerrechts. Städtische Leihämter gehören zu den nicht ausschließlich gemeinnützigen Kreditinstituten des § 11 Absatz 2 der Ersten KStDVO.; sie unterhalten daher stets einen über den Rahmen einer Vermögensverwaltung hinausgehenden wirtschaftlichen Geschäftsbetrieb und sind immer körperschaftsteuerpflichtig.

(RFH.-Urteil vom 3. Juni 1939 VI a 5/36, RStBl. 1939 Nr. 1259)

§ 2

Beschränkte Steuerpflicht

Beschränkt körperschaftsteuerpflichtig sind

1. Körperschaften, Personenvereinigungen und Vermögensmassen, die weder ihre Geschäftsleitung noch ihren Sitz im Inland haben,
   mit ihren inländischen Einkünften,
2. Körperschaften, Personenvereinigungen und Vermögensmassen, die nicht unbeschränkt steuerpflichtig sind,
   mit den inländischen Einkünften, von denen ein Steuerabzug zu erheben ist.

Das Wesen der beschränkten Steuerpflicht besteht darin, daß die beschränkt steuerpflichtigen Körperschaften, Personenvereinigungen und Vermögensmassen nicht mit ihrem gesamten Einkommen, sondern nur mit bestimmten im Gesetz festgelegten Einkunftsarten steuerpflichtig sind.

Der Kreis der beschränkt Körperschaftsteuerpflichtigen erstreckt sich einmal auf die ausländischen Körperschaften, Personenvereinigungen und Vermögensmassen, er umfaßt aber auch die inlandischen Körperschaften des öffentlichen Rechts und alle diejenigen Körperschaften, Personenvereinigungen und Vermögensmassen, die gemaß § 4 KStG. persönlich von der Korperschaftsteuer befreit sind.

Die auslandischen Körperschaften sind nur mit ihren inlandischen Einkünften steuerpflichtig, während die gemaß Ziffer 2 beschränkt steuerpflichtigen Körperschaften, Personenvereinigungen und Vermögensmassen nur mit den inländischen Einkünften steuerpflichtig sind, von denen ein Steuerabzug vorzunehmen ist.

Die auslandischen Körperschaften sind aber nur dann mit ihren inländischen Einkünften steuerpflichtig, wenn sie im Inland eine Betriebstätte unterhalten oder einen ständigen Vertreter bestellt haben.

Die beschrankte Steuerpflicht gemaß Ziffer 2 erstreckt sich praktisch nur auf die Einkünfte aus Kapitalvermögen, von denen die Kapitalertragsteuer einzubehalten ist. Sie ist auch wohl nur deshalb eingeführt worden, um die Schuldner von Kapitalertragnissen von der Pflicht zu befreien, in jedem einzelnen Falle nachzuprüfen, ob der Empfanger der Kapitalerträge steuerpflichtig ist oder nicht. Die Körperschaftsteuer ist durch den Steuerabzug abgegolten, eine Veranlagung findet nicht statt.

Aus der Rechtsprechung des RFH.

§ 2 Ziffer 1

Wirtschaftlicher Zusammenhang zwischen inländischen Zinseinnahmen und ausländischen Werbungskosten bei beschränkt Steuerpflichtigen.

(RFH.-Urteil vom 13. Mai 1941, I 94/41, RStBl. 1941 Nr. 956)

Die Körperschaftsteuer für Einkünfte einer schweizerischen AktG., die nach deutschem Steuerrecht im Inland weder einen gewerblichen noch einen land- oder forstwirtschaftlichen Betrieb unterhält, aus der Beteiligung an einer deutschen GmbH. ist durch den Steuerabzug abgegolten.

(RFH.-Urteil vom 22. November 1938 I 236/38, RStBl. 1939 Nr. 301)

Bei einer ausländischen Kapitalgesellschaft, die mit den Einkünften aus der Vermietung von inländischen Gebäudegrundstücken beschränkt körperschaftsteuerpflichtig ist, bilden Ausgaben für Wertzuwachssteuer und andere Kosten, die aus Anlaß der Veräußerung einzelner Grundstücke entstanden sind, keine abzugsfähigen Werbungskosten.

Dagegen sind bei der Ermittlung der steuerpflichtigen Einkünfte einer solchen Kapitalgesellschaft Ausgaben für eine Aufbringungsumlage, die von dem inländischen Vermögen der Kapitalgesellschaft erhoben wird, als Werbungskosten abzugsfähig.

(RFH.-Urteil vom 20. Juni 1939 I 448/38, RStBl. 1939 Nr. 1260)

§ 3

Abgrenzung der persönlichen Steuerpflicht

Nichtrechtsfähige Personenvereinigungen, Anstalten, Stiftungen und andere Zweckvermögen sind dann körperschaftsteuerpflichtig, wenn ihr Einkommen weder nach diesem Gesetz noch nach dem Einkommensteuergesetz unmittelbar bei einem anderen Steuerpflichtigen zu versteuern ist.

Nichtrechtsfähige Personenvereinigungen, z. B. offene Handelsgesellschaften oder Kommanditgesellschaften, unterliegen nicht der Körperschaftsteuer, weil ihr Einkommen nach dem Einkommensteuergesetz unmittelbar bei ihren Gesellschaftern versteuert wird.

Auch bei nichtrechtsfähigen Anstalten, Stiftungen und anderen Zweckvermögen ist eine Körperschaftsteuerpflicht nur dann gegeben, wenn ihr Einkommen nicht unmittelbar bei ihren Mitgliedern oder sonstigen Berechtigten der Einkommensteuer unterliegt.

§ 4

Persönliche Befreiungen

(1) Von der Körperschaftsteuer sind befreit:

1. die Deutsche Reichspost, die Deutsche Reichsbahn-Gesellschaft, das Unternehmen „Reichsautobahnen“, die Monopolverwaltungen des Reichs und die staatlichen Lotterieunternehmen,
2. die Reichsbank, die Deutsche Rentenbank, die Deutsche Rentenbank-Kreditanstalt,
3. Staatsbanken, soweit sie Aufgaben staatswirtschaftlicher Art erfüllen,
4. die öffentlichen oder unter Staatsaufsicht stehenden Sparkassen, soweit sie der Pflege des eigentlichen Sparverkehrs dienen,
5. Hauberg-, Wald-, Forst-, Laubgenossenschaften und ähnliche Realgemeinden. Unterhalten sie einen Gewerbebetrieb, der über den Rahmen eines Nebenbetriebs hinausgeht, oder haben sie einen solchen Gewerbebetrieb verpachtet, so sind sie insoweit steuerpflichtig.
6. Körperschaften, Personenvereinigungen und Vermögensmassen, die nach der Satzung, Stiftung oder sonstigen Verfassung und nach ihrer tatsächlichen Geschäftsführung ausschließlich und unmittelbar kirchlichen, gemeinnützigen oder mildtätigen Zwecken dienen. Unterhalten sie einen wirtschaftlichen Geschäftsbetrieb, der über den Rahmen einer Vermögensverwaltung hinausgeht, so sind sie insoweit steuerpflichtig,

7. rechtsfähige Pensions-, Witwen-, Waisen-, Sterbe-, Kranken-, Unterstützungskassen und sonstige rechtsfähige Hilfskassen für Fälle der Not oder Arbeitslosigkeit nach näherer Anordnung des Reichsministers der Finanzen.

(2) Die Befreiungen nach Absatz 1 sind nicht anzuwenden, soweit die inländischen Einkünfte dem Steuerabzug unterliegen (§ 2 Ziffer 2).

(3) Die Befreiungen nach Absatz 1 Ziffern 3 bis 7 sind auf beschränkt Steuerpflichtige (§ 2 Ziffer 1) nicht anzuwenden.

Das Gesetz unterscheidet zwischen persönlichen und sachlichen Befreiungen. Persönliche Befreiungen bewirken, daß grundsätzlich das gesamte Einkommen von der Körperschaftsteuerpflicht befreit ist, mithin eine Veranlagung überhaupt nicht vorgenommen wird. Sachliche Befreiungen haben zur Folge, daß nur für bestimmte Einkünfte Steuerfreiheit gegeben ist. Die persönlichen Befreiungen sind im § 4, die sachlichen Befreiungen in den §§ 8 bis 10 geregelt. In einigen (im Gesetz in den Ziffern 5 und 6) geregelten Fällen sind die persönlichen Befreiungen eingeschränkt.

So sind z. B. Realgemeinden an und für sich persönlich befreit. Unterhalten sie aber einen Gewerbebetrieb, der über den Rahmen eines Nebenbetriebes hinausgeht, so sind sie insoweit steuerpflichtig. Das gleiche gilt für Körperschaften, die unmittelbar kirchlichen, gemeinnützigen oder mildtätigen Zwecken dienen. Unterhalten sie einen wirtschaftlichen Geschäftsbetrieb, der über den Rahmen einer Vermögensverwaltung hinausgeht, so sind sie ebenfalls insoweit steuerpflichtig.

Alle von der Körperschaftsteuer befreiten unter Ziffer 1 bis 7 aufgeführten Körperschaften usw. unterliegen aber der Kapitalertragsteuerpflicht. Die in den Ziffern 3 bis 7 aufgeführten Steuerpflichtigen sind, soweit es sich um ausländische Körperschaften usw. handelt, beschränkt steuerpflichtig mit ihrem inländischen Einkommen.

Hinsichtlich der Sparkassen bestimmt die Erste KStDV. folgendes.

§ 7

Die öffentlichen oder unter Staatsaufsicht stehenden Sparkassen sind von der Körperschaftsteuer befreit, soweit sie der Pflege des eigentlichen Sparverkehrs dienen. Sie sind steuerpflichtig mit den Geschäften, die der Pflege des eigentlichen Sparverkehrs nicht dienen.

Die Hauberg-, Wald-, Forst- und Laubgenossenschaften gehören zu den sog. Realgemeinden. Dies sind Institutionen des alten deutschen Rechts. Sie fallen unter die sachlichen Steuerbefreiungen, gleichwie ihre Rechtsnatur gea rtet ist, ob es sich um eine Körperschaft des öffentlichen oder des Privat-Rechts handelt oder ob sie eine Rechtsperson darstellen oder nicht.

Hinsichtlich der Körperschaften, die kirchlichen, gemeinnützigen oder mildtätigen Zwecken dienen, ist in der Ersten KStDV. folgendes bestmmt:

§ 9

Allgemeines

(1) Körperschaften, Personenvereinigungen und Vermögensmassen (Körperschaften), sind von der Körperschaftsteuer befreit, wenn sie nach der Satzung, Stiftung oder sonstigen Verfassung und nach ihrer tatsächlichen Geschäftsführung ausschließlich und unmittelbar kirchlichen, gemeinnützigen oder mildtätigen Zwecken dienen Unterhalten sie einen wirtschaftlichen Geschäftsbetrieb, der über den Rahmen einer Vermögensverwaltung hinausgeht, so sind sie insoweit steuerpflichtig (§ 4 Absatz 1, Ziffer 6 des Gesetzes).

(2) Ob ein Zweck als kirchlich, gemeinnützig oder mildtätig anzusehen ist, bestimmt sich nach den §§ 17 bis 19 des Steueranpassungsgesetzes vom 16. Oktober 1934.

(3) Ob eine Körperschaft ausschließlich den vorgenannten Zwecken dient, bestimmt sich nach § 10 dieser Verordnung.

(4) Für die Frage, ob ein wirtschaftlicher Geschäftsbetrieb vorliegt, gilt § 11 dieser Verordnung.

§§ 17 bis 19 des StAnpG. haben folgenden Wortlaut:

§ 17

(1) Gemeinnützig sind solche Zwecke, durch deren Erfüllung ausschließlich und unmittelbar die Allgemeinheit gefördert wird.

(2) Eine Förderung der Allgemeinheit ist nur anzunehmen, wenn die Tätigkeit dem gemeinen Besten, das heißt dem Wohl der Deutschen Volksgemeinschaft auf materiellem, geistigem oder sittlichem Gebiet nutzt. Ob dies der Fall ist, beantwortet sich nach den Anschauungen der Volksgesamtheit

(3) Unter den Voraussetzungen des Absatzes 2 sind als Förderung der Allgemeinheit anzuerkennen, insbesondere

1. die Förderung der öffentlichen Gesundheitspflege, der Jugendpflege und Jugendfürsorge sowie der körperlichen Ertüchtigung des Volkes durch Leibesübungen (Turnen, Spiel, Sport),
2. die Förderung der Wissenschaft, Kunst und Religion, der Erziehung, Volks- und Berufsbildung, der Denkmalspflege, Heimatpflege, Heimatkunde und des Deutschen Volkstums im Ausland. Hierunter fällt auch die Förderung derjenigen Theater, die im öffentlichen Interesse von einer Körperschaft des öffentlichen Rechts geführt oder unterhalten werden.

(4) Ein Personenkreis ist nicht als Allgemeinheit anzuerkennen, wenn er durch ein engeres Band, wie Zugehörigkeit zu einer Familie, zu einem Familienverband oder zu einem Verein mit geschlossener Mitgliederzahl, durch Anstellung an einer bestimmten Anstalt und dergleichen fest abgeschlossen ist oder wenn infolge seiner Abgrenzung nach örtlichen oder beruflichen Merkmalen, nach Stand oder Religionsbekenntnis oder nach mehreren dieser Merkmale die Zahl der in Betracht kommenden Personen dauernd nur klein sein kann.

(5) Gemeinnützigkeit liegt nicht vor, wenn eine Tätigkeit nur den Belangen bestimmter Personen oder eines engeren Kreises von Personen dient oder in erster Linie eigenwirtschaftliche Zwecke (zum Beispiel gewerbliche Zwecke oder sonstige Erwerbszwecke) verfolgt.

(6) Der Umstand, daß die Erträge eines Unternehmens einer Körperschaft des öffentlichen Rechts (zum Beispiel dem Reich, einer Gemeinde oder einem Gemeindeverband) zufließen, bedeutet für sich allein noch keine unmittelbare Förderung der Allgemeinheit.

§ 18

(1) Mildtätig sind solche Zwecke, die ausschließlich und unmittelbar darauf gerichtet sind, bedürftige, im Inland befindliche Personen oder bedürftige deutsche Volksgenossen im Ausland zu unterstützen.

(2) Bedürftig sind solche Personen, die infolge ihrer körperlichen oder geistigen Beschaffenheit oder ihrer wirtschaftlichen Lage der Hilfe bedürfen

(3) Mildtätigen Zwecken dienen insbesondere Betriebe und Verwaltungen, die ausschließlich zur persönlichen und wirtschaftlichen Hilfeleistung für bedürftige Personen bestimmt sind

§ 19

(1) Kirchlich sind solche Zwecke, durch deren Erfullung eine christliche Religionsgesellschaft des öffentlichen Rechts ausschließlich und unmittelbar gefordert wird.

(2) Zu diesen Zwecken gehören insbesondere die Errichtung, Ausschmuckung und Unterhaltung von Gotteshäusern und kirchlichen Gemeindehäusern, die Abhaltung des Gottesdienstes, die Ausbildung von Geistlichen, die Erteilung von Religionsunterricht, die Beerdigung und die Pflege des Andenkens der Toten, ferner die Verwaltung des Kirchenvermogens, die Besoldung der Geistlichen, Kirchenbeamten und Kirchendiener, die Alters- und Invalidenversorgung fur diese Personen und die Versorgung ihrer Witwen und Waisen

§ 10

Ausschließlichkeit

(1) Ausschließlich dient eine Körperschaft kirchlichen, gemeinnützigen oder mildtätigen Zwecken nur dann, wenn sie andere als die in den §§ 17 bis 19 des Steueranpassungsgesetzes bezeichneten Zwecke nicht verfolgt und außerdem die folgenden Voraussetzungen erfüllt:

1. *Der Anteil der Mitglieder oder Gesellschafter (Mitglieder) am Reingewinn darf satzungsmäßig und tatsächlich vier vom Hundert der eingezahlten Kapitalanteile und, bei nicht volleingezahlten Kapitalanteilen, vier vom Hundert der Einlagen nicht übersteigen. Außerdem muß sichergestellt sein, daß den Mitgliedern sonstige Vermögensvorteile nicht zugew ndet werden.*
2. *Es darf niemand durch unverhältnismäßig hohe Vergütungen (z. B. Aufsichtsratsvergütungen, Vorstandsgehälter) oder durch Verwaltungsausgaben, die dem Zweck der Körperschaft fremd ist, begünstigt werden.*
3. *Es muß satzungsmäßig vorgeschrieben und tatsächlich sichergestellt sein,*
   a) daß die Mitglieder bei ihrem Ausscheiden oder bei Auflösung der Körperschaft nicht mehr als ihre Kapitalanteile und, wenn die Kapitalanteile nicht voll eingezahlt sind, nicht mehr als die Einlagen zurückerhalten,

b) daß bei Auflösung der Körperschaft oder bei Wegfall der bisherigen Zwecke das Vermögen der Körperschaft für kirchliche, gemeinnützige oder mildtätige Zwecke verwendet wird, soweit es in diesem Zeitpunkt die Kapitalanteile der Mitglieder und, bei nicht voll eingezahlten Kapitalanteilen, die eingezahlten Einlagen übersteigt.

(2) Bei einer Körperschaft, die vor dem 30. November 1923 errichtet worden ist, tritt an die Stelle des Kapitalanteils (Absatz 1, Ziffern 1 und 3) der Goldwert der eingezahlten Einlagen, wenn dieser niedriger ist als der Kapitalanteil.

§ 11

Wirtschaftlicher Geschäftsbetrieb

(1) Ein wirtschaftlicher Geschäftsbetrieb ist eine planmäßige wirtschaftliche Tätigkeit zur Erzielung von Einnahmen oder anderen wirtschaftlichen Vorteilen, die über eine einmalige Betätigung hinausgeht. Die Absicht, Gewinn zu erzielen, ist nicht erforderlich.

(2) Ein wirtschaftlicher Geschäftsbetrieb, der über den Rahmen einer Vermögensverwaltung hinausgeht, liegt stets vor bei Kreditinstituten, Versicherungsunternehmen, Pensions-, Witwen-, Waisen-, Sterbe-, Kranken-, Unterstützungskassen und sonstigen Hilfskassen für Fälle der Not oder Arbeitslosigkeit.

§ 12

Wohnungs- und Siedlungsunternehmen

Von der Körperschaftsteuer sind befreit:

1. Wohnungsunternehmen, solange sie auf Grund der Gemeinnützigkeitsverordnung vom 1. Dezember 1930 (RGBl. I S. 593) und der sie ergänzenden Vorschriften als gemeinnützig anerkannt sind,
2. Unternehmen, solange sie als Organe der staatlichen Wohnungspolitik (§ 28 der Gemeinnützigkeitsverordnung) anerkannt sind.

3. *die von den zuständigen Landesbehörden begründeten oder anerkannten gemeinnützigen Siedlungsunternehmen im Sinne des Reichssiedlungsgesetzes,*

4. *die von den obersten Landesbehörden zur Ausgabe von Heimstätten zugelassenen gemeinnützigen Unternehmen im Sinne des Reichsheimstättengesetzes.*

Über die Steuerfreiheit gemeinnütziger und mildtätiger Körperschaften sind folgende Bestimmungen erlassen:

Rderl des RFM. vom 15. Juli 1939 (S 1291 — 113 III R), RStBl. 1939 Nr 841,

Rderl. des RFM. vom 18. Januar 1940 (S 1291 — 131 III R), RStBl. 1940 Nr. 66.

Dieselben sind im Anhang abgedruckt.

Über die Pensionskassen und ähnlichen Kassen bestimmt die Erste KStDVO. folgendes:

§ 13

Allgemeines

Rechtsfähige Pensionskassen und ähnliche rechtsfähige Kassen (rechtsfähige Witwen-, Waisen-, Sterbe-, Kranken-, Unterstützungskassen und sonstige rechtsfähige Hilfskassen für Fälle der Not oder Arbeitslosigkeit) sind von der Körperschaftsteuer unter den folgenden Voraussetzungen befreit:

1. *Die Kasse muß für Zugehörige oder frühere Zugehörige eines einzelnen wirtschaftlichen Geschäftsbetriebs oder mehrerer wirtschaftlich miteinander verbundener Geschäftsbetriebe bestimmt sein. Zu den Zugehörigen im Sinne dieser Bestimmung rechnen auch deren Angehörige (§ 10 des Steueranpassungsgesetzes).*

2. *Die Mehrzahl der Personen, denen die Leistungen der Kasse zugute kommen sollen (Leistungsempfänger), darf sich nicht aus dem Unternehmer oder dessen Angehörigen und bei Gesellschaften nicht aus den Gesellschaftern oder deren Angehörigen zusammensetzen*

3. Bei Auflösung der Kasse darf ihr Vermögen satzungsmäßig nur den Leistungsempfängern oder deren Angehörigen zufallen oder für ausschließlich gemeinnützige oder mildtätige Zwecke verwendet werden.

4. Außerdem müssen bei Kassen mit Rechtsanspruch der Leistungsempfänger die Voraussetzungen der §§ 14, 16, bei Kassen ohne Rechtsanspruch der Leistungsempfänger die Voraussetzungen der §§ 15, 16 erfüllt sein.

§ 10 des StAnpG. hat folgenden Wortlaut:

Angehörige im Sinne der Steuergesetze sind die folgenden Personen:

1. der Verlobte,
2. der Ehegatte, auch wenn die Ehe nicht mehr besteht,
3. Verwandte in gerader Linie und Verwandte zweiten und dritten Grades in der Seitenlinie,
4. Verschwägerte in gerader Linie und Verschwägerte zweiten Grades in der Seitenlinie,
5. durch Annahme an Kindes Statt in gerader Linie Verbundene,
6. Pflegeeltern und Pflegekinder.

§ 14

Kassen mit Rechtsanspruch der Leistungsempfänger

Für rechtsfähige Pensionskassen und ähnliche rechtsfähige Kassen, die den Leistungsempfängern einen Rechtsanspruch gewähren, müssen außer den im § 13 genannten noch die folgenden Voraussetzungen erfüllt sein:

1. Die Kasse muß als Versicherungsunternehmen nach dem Gesetz über die Beaufsichtigung der privaten Versicherungsunternehmungen und Bausparkassen vom 6. Juni 1931 (RGBl. I S. 315) oder als öffentlich-rechtliche Versicherungsanstalt beaufsichtigt werden.

2. Der Betrieb der Kasse muß nach dem Geschäftsplan als soziale Einrichtung sichergestellt sein. Eine soziale Einrichtung im Sinne dieser Bestimmung liegt insbesondere dann nicht vor, wenn

a) das Arbeitseinkommen der Mehrzahl der Leistungsempfänger den Betrag von 6000 RM jährlich übersteigt oder

b) die Leistungen der Kasse die folgenden Beträge übersteigen:

als Pension	*4000 RM*	*jährlich,*
als Witwengeld	*3000 RM*	*jährlich,*
als Waisengeld	*1200 RM*	*jährlich für jede Waise,*
als Sterbegeld	*500 RM*	*als Gesamtleistung.*

§ 15

Kassen ohne Rechtsanspruch der Leistungsempfänger

Für rechtsfähige Unterstützungskassen und sonstige rechtsfähige Hilfskassen für Fälle der Not oder Arbeitslosigkeit, die den Leistungsempfängern keinen Rechtsanspruch gewähren, müssen außer den im § 13 genannten noch die folgenden Voraussetzungen erfüllt sein:

1. *Die ausschließliche und unmittelbare Verwendung des Vermögens und der Einkünfte der Kasse muß satzungsmäßig und tatsächlich für die Zwecke der Kasse dauernd gesichert sein.*
2. *Die Gefolgschaft darf zu laufenden Beiträgen oder zu sonstigen Zuschüssen nicht verpflichtet sein.*
3. *Der Gefolgschaft oder den Vertrauensmännern der Gefolgschaft muß satzungsmäßig und tatsächlich das Recht zustehen, an der Verwaltung sämtlicher Beträge, die der Kasse zufließen, beratend mitzuwirken.*

§ 16

Erfüllung der Voraussetzungen

Werden die in den §§ 13 bis 15 genannten Voraussetzungen erst im Laufe eines Kalender- (Wirtschafts-) Jahres erfüllt, so tritt die Steuerbefreiung erst mit dem Beginn des folgenden Kalender- (Wirtschafts-) Jahres ein.

Weitere rechtliche Bestimmungen befinden sich in dem Rderl. des RdF. vom 11. Mai 1940 (S 2513 — 210 III/S 3506 — 24 III, RStBl. 1940 Nr. 381), der im Anhang ebenfalls abgedruckt ist.

Aus der Rechtsprechung des RFH.

§ 4 Absatz 1 Ziffer 4

Eine Einrichtung kann als öffentliche Sparkasse im Sinne des § 4 Absatz 1 Ziffer 4 KStG. nur anerkannt werden, wenn sie die allgemein für öffentliche Sparkassen bestehenden Vorschriften über die Anlage der Spareinlagen erfüllt.

(RFH.-Urteil vom 24. August 1944 I 197/43, RStBl. 1944 Nr. 630)

Die Bestimmungen des § 10 Absatz 1 Ziffer 4 EStG. 1939 gelten auch für öffentliche oder unter Staatsaufsicht stehende Sparkassen, die sich nicht auf den eigentlichen Sparverkehr beschränken und daher gemäß § 4 Absatz 1 Ziffer 4 KStG. mit den Gewinnen aus den sparkassenfremden Geschäften steuerpflichtig sind, wenn das Einkommen des steuerpflichtigen Betriebsteils im Schätzungswege nach den Veranlagungsrichtlinien ermittelt wird.

(RFH.-Urteil vom 28. Juli 1942 I 76/42, RStBl. 1942 Nr. 813)

Die öffentlichen Sparkassen genießen nicht die Vergünstigung des § 19 Absatz 2 Ziffer 1 KStG. 1934.

(RFH.-Urteil vom 14. November 1939 I 232/38, RStBl. 1940 Nr. 241)

Auch unter der Herrschaft des Körperschaftsteuergesetzes 1934 sind bei der Schätzung des steuerbefreiten und des nicht steuerbefreiten Teils des Einkommens einer öffentlichen Sparkasse Sondergewinne von erheblichem Umfang bei demjenigen Teil des Einkommens zu berücksichtigen, dem sie nach der Art des Geschäfts, aus dem sie erzielt sind, entstammen.

(RFH.-Urteil vom 20. Juni 1939 I 66/39, RStBl. 1939 Nr. 1010)

Zum eigentlichen Sparverkehr im Sinne des § 4 Absatz 1 Ziffer 4 KStG. 1934 sind alle Einlagen zu rechnen, die den Bestimmungen der §§ 22 und 23 des Reichsgesetzes über das Kreditwesen vom 5. Dezember 1934

(RGBl. I 1934 S. 1203) entsprechen. Die Person des Einlegers und die Höhe der Einlage ist ohne Bedeutung.

(RFH.-Urteil vom 26. September 1939 I 443/38, RStBl. 1939 Nr. 1288)

§§ 22 und 23 des Reichsgesetzes über das Kreditwesen haben folgenden Wortlaut:

§ 22

(1) Spareinlagen sind Geldeinlagen auf Konten, die nicht den Zwecken des Zahlungsverkehrs, sondern der Anlage dienen und als solche, insbesondere durch Ausfertigung von Sparbüchern, gekennzeichnet sind.

(2) Auszahlungen auf Spareinlagen dürfen nur gegen Vorlegung des Sparbuches bewirkt werden; bei voller Rückzahlung der Einlage ist das Sparbuch zurückzufordern.

(3) Über Spareinlagen darf durch Überweisung nicht verfügt werden; eine Einlösung von Schecks zu Lasten von Spareinlagen ist unbeschadet der Rechtswirksamkeit des Schecks und des Einlösungsgeschäfts unzulässig.

(4) Die Ausgabe von Sparbüchern ohne entsprechende Einlage ist unzulässig. Ein Kreditinstitut darf Beträge, die es erst im Kreditwege zur Verfügung stellt, nicht auf Sparbuch gutbringen.

(5) In dem Sparbuch ist an auffallender Stelle der Zinssatz, zu dem die Spareinlage verzinst wird, ersichtlich zu machen; Änderungen des Zinssatzes sind an dieser Stelle bei der nächsten Vorlegung des Sparbuches unter Angabe des Tages, von dem an sie gelten, zu vermerken.

§ 23

(1) Im Spargeschäft dürfen Gelder zu anderen als den für Spareinlagen festgesetzten Zinssätzen (§ 38) nicht aufgenommen werden.

(2) Die Verzinsung von Spareinlagen beginnt bei Einzahlung bis zum 15. eines Monats mit dem 1. des nächsten Monats, bei Einzahlung in der zweiten Hälfte eines Monats mit dem 15. des nächsten Monats. Die Verzinsung läuft bis zum Tage der Rückzahlung.

(3) Rückzahlungen von Spareinlagen dürfen ohne Kündigung nur bis zum Betrage von RM 300 für jedes Sparbuch im Monat geleistet werden. Zur Rückzahlung höherer Beträge bedarf es der Kündigung. Etwa vor Fälligkeit geleistete Zahlungen sind als Vorschüsse zu behandeln und als solche zu verzinsen. Das Aufsichtsamt erläßt nähere Bestimmungen über die Kündigungsfristen; bis zu ihrem Erlaß verbleibt es bei den bisherigen Kündigungsfristen.

Aus der Rechtsprechung des RFH.

§ 4 Absatz 1 Ziffer 5

Der RFH. hält auch für das KStG. 1934 an der Auffassung fest, daß zu den steuerfreien Realgemeinden nur solche Vereinigungen des älteren agrarwirtschaftlichen Genossenschaftsrechts zählen, bei denen das Recht auf gemeinsame land- oder forstwirtschaftliche Nutzung von Grund und Boden mit der Mitgliedschaft verbunden ist.

(RFH.-Urteil vom 19. Juni 1940 I 440/39, RStBl. 1940 Nr. 693)

Unter „Realgemeinden" im Sinne des § 4 Absatz 1 Ziffer 5 KStG. 1934 sind sowohl privatrechtliche wie öffentlich-rechtliche zu verstehen.

Gestattet eine Realgemeinde einem gewerblichen Unternehmen in ihrem Grundbesitz nach Kalk und Dolomit zu suchen und gefundene Mineralien zu gewinnen, so ist das weder ein Gewerbebetrieb noch die Verpachtung eines Gewerbebetriebs im Sinne des § 4 Absatz 1 Ziffer 5 Satz 2 KStG. Die Einkünfte daraus sind bei der Realgemeinde nicht steuerpflichtig.

(RFH.-Urteil vom 25. April 1939 I 85/39, RStBl. 1939 Nr. 1107)

§ 4 Absatz 1 Ziffer 6

Eine Stiftung, deren Zweck es ist, Volksgenossen, die einer Unterstützung bedürftig sind, zinslose oder zu niedrigen Zinsen Darlehen zu gewähren und eine Volksbibliothek zu unterhalten, ist kein reines Kreditinstitut im Sinne des § 11 Absatz 2 der Ersten KStDV. Sie kann daher gemeinnützig sein und ist nur mit den Erträgen aus einem etwa vorhandenen wirtschaftlichen Geschäftsbetrieb zur Körperschaftsteuer heranzuziehen.

(RFH.-Urteil vom 29. Mai 1943 VI a 49/42, RStBl. 1944 Nr. 290)

Die Evangelischen Freikirchen sind, auch wenn ihnen durch Landesrecht die Eigenschaft als Körperschaft des öffentlichen Rechts verliehen ist, keine Körperschaften des öffentlichen Rechts des Reichs. Sie unterliegen als juristische Personen des privaten Rechts der Körperschaftsteuer. Sie dienen nicht kirchlichen oder gemeinnützigen Zwecken im Sinne des Steueranpassungsgesetzes.

(RFH.-Urteil vom 3. März 1943 VI a 41/42, RStBl. 1943 Nr. 216)

Eine Predigerkasse, die ihre Rechtsfähigkeit nicht aus dem Reichsrecht, sondern aus dem Landesrecht herleitet, kann als öffentlich-rechtliche Körperschaft im Sinne der Reichssteuergesetze nicht angesehen werden.

Begriff „Versorgung" im Sinne des § 19 Absatz 2 des Steueranpassungsgesetzes. Dieser Begriff umfaßt nicht zusätzliche Zahlungen, wenn sie die Höchstgrenze übersteigen, die für vergleichbare staatliche Witwenpensionen vorgeschrieben ist. Entsprechendes gilt für Waisenrenten.

§ 11 Absatz 2 der Ersten Verordnung zur Durchführung des Körperschaftsteuergesetzes gilt für alle Witwen- und Waisenkassen ohne Ausnahme.

(RFH.-Urteil vom 3. März 1943 VI a 37/42, RStBl. 1943 Nr. 224)

Die Vermittlung von Verkäufen ausgestellter Gegenstände gegen Provision durch einen Verein zur Förderung der deutschen bildenden Künste ist ein wirtschaftlicher Geschäftsbetrieb, der über den Rahmen einer Vermögensverwaltung hinausgeht.

(RFH.-Urteil vom 29. Mai 1943 VI a 2/43, RStBl. 1943 Nr. 556)

Vereine, die Preis- und Lieferungskonventionen für ihre Mitglieder bezwecken, sind nicht gemeinnützig im Sinne von § 4 Absatz 1 Ziffer 6.

(RFH.-Urteil vom 23. Juli 1941 VI a 38/41, RStBl. 1942 Nr. 204)

Körperschaftsteuerpflicht eines Hafenbetriebsvereins, dessen Zweck die Förderung eines Gesamthafenbetriebes ist.

(RFH.-Urteil vom 16. Mai 1942 VI a 70/41, RStBl. 1942 Nr. 672)

Als öffentlich-rechtliche Körperschaften im Sinne der Reichssteuergesetze können nur solche Körperschaften angesehen werden, die ihre Eigenschaft als Körperschaften aus dem öffentlichen Recht des Reichs herleiten.

(RFH.-Urteil vom 13. Dezember 1941, RStBl. 1942 Nr. 16)

In Abweichung von dem vorstehenden Urteil des RFH. VI a 16/41 hat das oberste Finanzgericht in München in der Entscheidung I 1/46 S. vom 12. Februar 1946 (Körp.St.), veröffentlicht in der Finanz-Rundschau des Oberfinanzpräsidenten Köln Nr. 1/2 vom Januar/Februar 1946, ausgesprochen, daß als öffentlich-rechtliche Körperschaften im Sinne des KStG. auch die Körperschaften anzusehen sind, die ihre Eigenschaft als öffentlich-rechtliche Körperschaften aus dem öffentlichen Recht eines Landes herleiten.

Stiftungen, deren Zweck es ist, billige Wohnungen zu bauen (Wohnungsunternehmen)

a) Steuervergünstigung wegen Gemeinnützigkeit nur dann, wenn das Wohnungsunternehmen auf Grund des Wohnungsgemeinnützigkeitsgesetzes anerkannt worden ist,
b) Steuervergünstigung wegen Mildtätigkeit kann nicht gewährt werden, wenn das Wohnungsunternehmen Wohnungen an nichtbedürftige Mieter vermietet.

(RFH.-Urteil vom 28. November 1942 VI a 28/42, RStBl. 1942 Nr. 993)

In den Fällen des § 12 der Ersten KStDV. steht den Finanzbehörden eine selbständige Prüfung der Frage der Gemeinnützigkeit nicht zu.

(RFH.-Urteil vom 28. November 1942 VI a 35/42, RStBl. 1942 Nr. 1040)

Auch die beschaulichen Ordensgenossenschaften, die die Selbstheiligung ihrer Mitglieder als Hauptzweck verfolgen, haben nach dem § 4 Absatz 1 Ziffer 6 KStG. und nach den §§ 17, 18 und 19 StAnpG. keinen Anspruch auf Steuerbefreiung.

(RFH.-Urteil vom 19. April 1941 VI a 31/41, RStBl. 1941 Nr. 415)

Die ausschließliche Gemeinnützigkeit und Mildtätigkeit einer Stiftung kann anerkannt werden, wenn die Zinsen eines Stiftungskapitals zur nachhaltigen Erfüllung des Stiftungszwecks in einem absehbaren Zeitpunkt aufgespart werden.

(RFH.-Urteil vom 22. März 1941 VI a 18/41, RStBl. 1941 Nr. 477)

Gemeindeschwimmbäder sind steuerschädliche wirtschaftliche Geschäftsbetriebe im Sinne von § 4 Absatz 1 Ziffer 6 Satz 2 KStG., wenn die Vorteile niedriger Eintrittspreise nicht in besonderem Maße der minderbemittelten Bevölkerung zugute kommen.

(RFH.-Urteil vom 30. August 1941 VI a 27/41, RStBl. 1941 Nr. 684)

Die in § 11 Absatz 2 der Ersten KStDV. aufgeführten Unternehmen sind stets steuerpflichtige wirtschaftliche Geschäftsbetriebe im Sinne der Rechtsprechung zu § 4 Absatz 1 Ziffer 6 Satz 2 KStG.

(RFH.-Urteil vom 19. April 1941 VI a 9/41, RStBl. 1941 Nr. 701)

Wenn ein gemeinnütziger Schützenverein, der zur Ausübung des Schießsports einen Schützenplatz erworben hat und darauf alljährlich sein Schützenfest in den Formen eines wirtschaftlichen Geschäftsbetriebs veranstaltet, gelegentlich den Schützenplatz zu anderen Zwecken vorübergehend vermietet, so sind diese Verwertungen gesondert zu beurteilen.

(RFH.-Urteil vom 6. Mai 1941 I 412/40, RStBl. 1941 Nr. 753)

Ein Hoheitsbetrieb im Sinne von § 4 Absatz 1 der Ersten KStDV. liegt nicht vor, wenn eine Körperschaft des öffentlichen Rechts aus wirtschaftlichen Gründen ihre Unterstellen zum Bezug bestimmter Waren von einer durch die Körperschaft eingerichteten Zentrale anhält.

(RFH.-Urteil vom 30. August 1941 VI a 41/41, RStBl. 1941 Nr. 754)

Eine Körperschaft, die sich zur Förderung der Allgemeinheit eines anderen Unternehmens als Mittelsmannes bedient, fördert die Allgemeinheit nur dann unmittelbar im Sinne von § 17 Absatz 1 StAnpG., wenn sie einen eigenen gemeinnützigen Zweck hat, den sie selbst nicht erfüllen kann.

(RFH.-Urteil vom 1. Oktober 1941 VI a 63/41, RStBl. 1941 Nr. 788)

Landeserziehungsheime sind steuerpflichtige wirtschaftliche Geschäftsbetriebe im Sinne des § 4 Absatz 1 Ziffer 6 Satz 2 KStG., wenn nicht mindestens zwei Drittel der Schüler Kinder minderbemittelter Eltern sind.

(RFH.-Urteil vom 30. August 1941 VI a 44/41, RStBl. 1941 Nr. 800)

Vereine, die in erster Linie der Besserung der wirtschaftlichen Belange ihrer Mitglieder dienen, haben keinen Anspruch auf eine Steuerbefreiung nach § 4 Absatz 1 Ziffer 6 KStG.

(RFH.-Urteil vom 23. Juli 1941 VI a 49/41, RStBl. 1941 Nr. 834)

Öffentlich-rechtlichen Anstalten angegliederte Baustoffprüfstellen, die sich durch Abgabe von Gutachten gegen Entgelt gewerblich betätigen, sind steuerschädliche wirtschaftliche Geschäftsbetriebe im Sinne von § 4 Absatz 1 Ziffer 6 Satz 2 KStG.

(RFH.-Urteil vom 12. November 1941 VI a 69/41, RStBl. 1941 Nr. 936)

Schwesterngestellung als steuerschädlicher wirtschaftlicher Geschäftsbetrieb.

(RFH.-Urteil vom 27. April 1940 VI a 29/39, RStBl. 1940 Nr. 380)

Diözesankaritasverband ist nur mittelbar gemeinnützig und mildtätig, daher keine Steuerbefreiung nach § 4 Absatz 1 Ziffer 6 KStG.

(RFH.-Urteil vom 29. November 1938 VI a 45/38, RStBl. 1939 Nr. 38)

Baptistengemeinden in Preußen besitzen die Eigenschaft einer Körperschaft des öffentlichen Rechts nur auf Grund ausdrücklicher Verleihung.

(RFH.-Urteil vom 6. September 1938 VI a 25/38, RStBl. 1939 Nr. 43)

Handwerks- und landwirtschaftliche Betriebe, die von einer gemeinnützigen Fürsorgeerziehungsanstalt zur Durchführung der Erziehungsaufgaben unterhalten werden müssen, sind auch insoweit steuerlich unschädlich, als die in ihnen gewonnenen Erzeugnisse in dem tatsächlich erforderlichen Umfang im Wirtschaftsverkehr gegen Entgelt abgesetzt werden.

(RFH.-Urteil vom 4. Oktober 1938 VI a 43/38, RStBl. 1939 Nr. 82)

Wirtschaftliche Geschäftsbetriebe, die von einem Kriegsblindenverein zur Erfüllung seiner Fürsorgeaufgaben unterhalten werden müssen, sind steuerlich unschädlich, wenn sie sich auf den Vertrieb der von den Kriegsblinden selbst gefertigten Erzeugnisse beschränken. Der Vertrieb von zugekauften Zusatzwaren kann dabei außer Betracht gelassen werden, soweit er zur Erzielung eines besseren Umsatzes der Hauptwaren förderlich erscheint und sich in angemessenen Grenzen hält.

(RFH.-Urteil vom 28. Januar 1939 VI a 53/38, RStBl. 1939 Nr. 492)

Betriebe und Verwaltungen von Körperschaften des öffentlichen Rechts müssen für die Steuerbefreiung nach § 4 Absatz 1 Ziffer 6 KStG. 1934 die Voraussetzungen des § 10 Absatz 1 Ziffer 3 der Ersten KStDVO. selbst erfüllen. Auf den Zweck der zugehörenden Körperschaft des öffentlichen Rechts kommt es nicht an.

(RFH.-Urteil vom 17. März 1938 VI a 16/38, RStBl. 1939 Nr. 864)

Eine AktG., die dem Staat Lotseneinrichtungen zur Verfügung stellt, kommt schon wegen ihrer privatrechtlichen Form nicht als Hoheitsbetrieb in Betracht.

Auch keine Gemeinnützigkeit, da nur mittelbare Zwecke der Allgemeinheit gefördert werden.

(RFH.-Urteil vom 17. Dezember 1938 VI a 37/38, RStBl. 1939 Nr. 916)

§ 4 Absatz 1 Ziffer 7 KStG.

Für die Beurteilung, wer zu den Leistungsberechtigten einer Pensions- oder Unterstützungskasse ohne Rechtsanspruch gehört, sind die Satzungen der Kasse maßgebend. Verzichte von satzungsgemäß Leistungsberechtigten auf ihre Berechtigung sind unbeachtlich.

(RFH.-Urteil vom 23. November 1943 I 148/43, RStBl. 1944 Nr. 211)

Eine Unterstützungskasse, die jedem Gefolgschaftsmitglied ohne Rücksicht darauf, ob es sich in guter oder schlechter Lebenslage befindet, einmalige Zuwendungen gewährt, hat keinen Anspruch auf Steuerbefreiung.

(RFH.-Urteil vom 15. November 1943 I 164/43, RStBl. 1944 Nr. 305)

Für die Gewährung der Steuerfreiheit rechtsfähiger Unterstützungskassen ohne Rechtsanspruch des Leistungsempfängers ist eine ausdrückliche Satzungsbestimmung über die ausschließliche und unmittelbare Verwendung des Vermögens und der Einkünfte für die Zwecke der Kasse entbehrlich, wenn der begünstigte Zweck als ausschließlich und unabänderlich in der Satzung festgelegt ist.

(RFH.-Urteil vom 24. März 1942 I 223/41, RStBl. 1942 Nr. 740)

§ 4 Absatz 2

Die Deutsche Reichsbahn unterliegt seit dem Inkrafttreten des Körperschaftsteuergesetzes 1934 dem Steuerabzug vom Kapitalertrag.

(RFH.-Urteil vom 12. März 1940 I 52/38, RStBl. 1940 Nr. 549)

II. Einkommen

1. Allgemeines

§ 5

(1) Die Körperschaftsteuer bemißt sich nach dem Einkommen, das der Steuerpflichtige innerhalb eines Kalenderjahrs bezogen hat.

(2) Weicht bei Steuerpflichtigen, die Bücher nach den Vorschriften des Handelsgesetzbuchs zu führen verpflichtet sind und solche tatsächlich ordnungsmäßig führen, das Wirtschaftsjahr, für das sie regelmäßig Abschlüsse machen, vom Kalenderjahr ab, so gilt der Gewinn aus Gewerbebetrieb als in dem Kalenderjahr bezogen, in dem das Wirtschaftsjahr endet. Das gilt entsprechend bei buchführenden Steuerpflichtigen, die Land- und Forstwirtschaft betreiben.

Bemessungszeitraum ist ebenso wie für die Einkommensteuer auch für die Körperschaftsteuer grundsätzlich das Kalenderjahr. Abweichend vom Kalenderjahr gilt das Wirtschaftsjahr als Bemessungszeitraum bei solchen Steuerpflichtigen, die Bücher nach den Vorschriften des Handelsgesetzbuches zu führen verpflichtet sind und solche tatsächlich ordnungsgemäß führen und bei buchführenden Steuerpflichtigen, die Land- und Forstwirtschaft betreiben. Das Wirtschaftsjahr muß aber immer zwölf Monate umfassen. Über einen kürzeren Zeitraum darf es sich nur erstrecken bei Eröffnung des Betriebes oder Aufgabe derselben oder bei Übergang zu einem anderen regelmäßigen Abschlußtag. Der Gewinn gilt als in dem Kalenderjahr bezogen, in dem das Wirtschaftsjahr endet.

Die Buchführungspflicht nach HGB. erstreckt sich auf Vollkaufleute; die sogenannten Minderkaufleute (Handwerker und Kleingewerbetreibende) sind nicht zur Führung von Handelsbüchern verpflichtet (§ 4 HGB.). Genossenschaften gelten gemäß § 17 Absatz 2 Gen.-Ges. als Kaufleute im Sinne des HGB., sie sind also ebenfalls buchführungspflichtig.

Aus der Rechtsprechung des RFH.

§ 5 KStG.

Die Sanierung einer Gesellschaft rechtfertigt nicht die Aufteilung des Wirtschaftsjahres in einen vor der Sanierung und einen nach der Sanierung liegenden Steuerabschnitt.

(RFH.-Urteil vom 20. September 1938 I 328/38, RStBl. 1939 Nr. 81)

Wenn eine durch Konkurseröffnung aufgelöste Kapitalgesellschaft ihren Betrieb fortführt, so wird sie auch weiterhin bis zum Beginn der Abwicklung nach einjährigen Ermittlungszeiträumen veranlagt.

(RFH.-Urteil vom 25. Oktober 1938 I 138/38, RStBl. 1939 Nr. 325)

§ 6

Was als Einkommen gilt und wie das Einkommen zu ermitteln ist, bestimmt sich nach den Vorschriften des Einkommensteuergesetzes und den §§ 7 bis 16 dieses Gesetzes. Hierbei sind auch verdeckte Gewinnausschüttungen zu berücksichtigen.

Die Körperschaftsteuer ist die Einkommensteuer der Körperschaften. Die Bestimmungen des Einkommensteuergesetzes finden daher weitgehend auch auf die Körperschaftsteuer Anwendung. Eine Bestimmung, welche Vorschriften des EStG. auf die Besteuerung der Körperschaftsteuer anzuwenden sind, enthält das KStG. selbst jedoch nicht. Im § 18 der Ersten KStDVO. ist bestimmt, daß auf die Veranlagung zur Körperschaftsteuer die §§ 1, 2, 4 bis 12, 15, 18, 29 bis 31, 33, 35, 37 der Ersten Verordnung zur Durchführung des EStG. anzuwenden sind.

Die wichtigsten sind im Anhang abgedruckt, sie sind jedoch zum Teil zeitlich überholt. An die Stelle der Ersten Verordnung zur Durchführung des EStG. ist die Einkommensteuer-Durchführungsverordnung 1941 getreten. Außerdem sind inzwischen die Einkommensteuer-Richtlinien 1941 und die Einkommensteuer-Ergänzungsrichtlinien für 1943 erlassen worden.

Als Grundsatz hat zu gelten, daß nur diejenigen Vorschriften des EStG. auf die Besteuerung der Körperschaften

Anwendung finden, die ihrer Natur nach für Körperschaften in Betracht kommen und die nicht durch eine der Vorschriften der §§ 7 bis 16 KStG. als lex specialis ausgeschaltet sind. Es finden mithin auf die Ermittlung des Einkommens zum Zwecke der Veranlagung zur Körperschaftsteuer insbesondere die §§ 4 bis 7 und 15 bis 17 EStG. Anwendung. Dabei sind bei den Steuerpflichtigen, die nach den Vorschriften des HGB. zur Führung von Büchern verpflichtet sind, also bei den Vollkaufleuten und bei den Genossenschaften, alle Einkünfte als Einkünfte aus Gewerbebetrieb zu behandeln. Bei den übrigen Steuerpflichtigen, z. B. den kleineren Betrieben gewerblicher Art von Körperschaften des öffentlichen Rechts, ist nach den Vorschriften des EStG. zu bestimmen, unter welche Einkunftsart ihre Einnahmen fallen.

Das EStG. definiert im § 4 den Gewinnbegriff im allgemeinen wie folgt:

(1) Gewinn ist der Unterschiedsbetrag zwischen dem Betriebsvermögen am Schluß des Wirtschaftsjahres und dem Betriebsvermögen am Schluß des vorangegangenen Wirtschaftsjahres, vermehrt um den Wert der Entnahmen und vermindert um den Wert der Einlagen. Entnahmen sind alle Wirtschaftsgüter (Barentnahmen, Waren, Erzeugnisse, Nutzungen und Leistungen), die der Steuerpflichtige dem Betrieb für sich, für seinen Haushalt oder für andere betriebsfremde Zwecke im Laufe des Wirtschaftsjahres entnommen hat. Einlagen sind alle Wirtschaftsgüter (Bareinzahlungen und sonstige Wirtschaftsgüter), die der Steuerpflichtige dem Betrieb im Laufe des Wirtschaftsjahres zugeführt hat. Bei der Ermittlung des Gewinns sind die Vorschriften über die Betriebsausgaben (Absatz 4) und über die Bewertung (§ 6) zu befolgen. Der Wert des Grund und Bodens, der zum Anlagevermögen gehört, bleibt außer Ansatz.

(2) Der Steuerpflichtige darf die Vermögensübersicht (Bilanz) auch nach ihrer Einreichung beim Finanzamt ändern, soweit sie den Grundsätzen ordnungsmäßiger Buchführung unter Befolgung der Vorschriften dieses Gesetzes nicht entspricht. Darüber hinaus ist eine Änderung der Vermögensübersicht (Bilanz) nur mit Zustimmung des Finanzamts, im Rechtsmittelverfahren mit Zustimmung der Rechtsmittelbehörde zulässig.

(3) Weicht das Betriebsvermögen am Schluß des einzelnen Wirtschaftsjahres vom Betriebsvermögen am Schluß des vorangegangenen Wirtschaftsjahres in der Regel nicht wesentlich ab, so kann als Gewinn der Überschuß der Betriebseinnahmen über die Betriebsausgaben angesetzt werden. Dabei können wirtschaftlich ins Gewicht fallende Schwankungen im Betriebsvermögen, die in einem Wirtschaftsjahr ausnahmsweise auftreten, durch Zuschläge oder Abschläge berücksichtigt werden.

(4) Betriebsausgaben sind die Aufwendungen, die durch den Betrieb veranlaßt sind

Gemäß § 4 ist der Gewinn grundsätzlich durch Bestandsvergleich zu ermitteln. Der Bestandsvergleich ist anzuwenden von solchen Steuerpflichtigen, die Einkünfte aus Land- und Forstwirtschaft beziehen, ferner von den Minderkaufleuten. Vollkaufleute müssen ihren Gewinn nach § 5 EStG. ermitteln.

Der Unterschied liegt in folgendem:

Bei Berechnung des Gewinns gemäß § 4 ist der Wert des Grund und Bodens, der zum Anlagevermögen gehört, außer Ansatz zu lassen. Das hat zur Folge, daß auch der Erlös aus der Veräußerung von Grund und Boden oder von Teilen desselben sowie die Ausgaben zum Erwerb desselben bei der Gewinnermittlung außer Ansatz zu bleiben haben.

EStDV. 1941

Zu §§ 4 bis 6 des Gesetzes

§ 4

Eröffnung und Aufgabe eines Betriebs

(1) Wird ein Betrieb eröffnet oder erworben, so tritt für die Berechnung des Gewinns an die Stelle des Schlusses des vorangegangenen Wirtschaftsjahrs der Zeitpunkt der Eröffnung oder des Erwerbs des Betriebs.

(2) Wird ein Betrieb aufgegeben oder veräußert, so tritt für die Berechnung des Gewinns an die Stelle des Schlusses des Wirtschaftsjahrs der Zeitpunkt der Aufgabe oder der Veräußerung des Betriebs.

§ 5

Bewertung bei unentgeltlicher Uebertragung

(1) Wird ein Betrieb oder ein Teilbetrieb unentgeltlich übertragen, so sind bei der Ermittlung des Gewinns des bisherigen Betriebsinhabers die Wirtschaftsgüter mit den Werten anzusetzen, die sich § 6 Ziffern 1 bis 3 des Gesetzes gemäß ergeben. Der Rechtsnachfolger ist an diese Werte gebunden.

(2) Werden nur einzelne Wirtschaftsgüter unentgeltlich übertragen, so gilt für den Empfänger als Anschaffungs- oder Herstellungskosten der Betrag, den er

für das einzelne Wirtschaftsgut im Zeitpunkt des Empfangs hätte aufwenden müssen.

§ 6

Einlagen

Führt der Steuerpflichtige dem Betrieb Wirtschaftsgüter zu, die vor dem 1. Januar 1925 angeschafft oder hergestellt worden sind, so gilt als Anschaffungs- oder Herstellungskosten der Betrag, den der Steuerpfliehtige für die Anschaffung am 1. Januar 1925 hätte aufwenden müssen.

§ 8

Buchführender Land- und Forstwirt

Ein buchführender Land- und Forstwirt ist derjenige Land- und Forstwirt, der über den Betrieb der Land- und Forstwirtschaft Büeher ordnungsmäßig führt, die mindestens den Anforderungen der Verordnung über landwirtschaftliche Buchführung vom 5. Juli 1935 (RGBl. I S. 908, RStBl. 1935 S. 955) entsprechen.

Zu der Frage der Berichtigung und Änderung der Vermögensübersicht ist in EStR. 1941 folgendes ausgeführt:

8. Berichtigung und Aenderung der Vermögensübersicht

(1) Buchführende Steuerpflichtige dürfen § 4 Absatz 2 EStG. gemäß die Vermögensübersicht (Bilanz) auch nach der Einreichung beim Finanzamt unter bestimmten Voraussetzungen ändern.

(2) Ist ein Ansatz in der Vermögensübersicht unrichtig, so kann der Steuerpflichtige die Unrichtigkeit durch eine entsprechende Mitteilung an das Finanzamt beseitigen. Der Vorgang heißt „Bilanzberichtigung". Ein Ansatz in der Vermögensübersicht ist unrichtig, wenn er unzulässig ist, das heißt, wenn er gegen zwingende Vorschriften des Einkommensteuerrechts oder des Handelsrechts oder gegen die einkommensteuerrechtlich zu beachtenden Grundsätze ordnungsmäßiger Buchführung verstößt. Eine Bilanzberichtigung nach Rechtskraft der Veranlagung führt in der Regel nur dann zu

einer Veranlagungsberichtigung, wenn die Voraussetzungen des § 222 AO. vorliegen. Hinweis auf das RFH.-Urteil vom 15. Februar 1939 (RStBl. 1939 S. 393).

(3) Es gibt Fälle, in denen steuerrechtlich und handelsrechtlich verschiedene Ansätze zulässig sind und der Steuerpflichtige demgemäß die Wahl hat, so oder so zu verfahren. Durch die Einreichung der Steuererklärung an das Finanzamt hat der Steuerpflichtige seine Entscheidung getroffen. Eine Aenderung dieser Entscheidung zugunsten eines anderen zulässigen Ansatzes ist eine „Bilanzänderung“. Eine solche ist nur mit Zustimmung des Finanzamts, im Rechtsmittelverfahren nur mit Zustimmung der Rechtsmittelbehörde zulässig. Sie kann nur vor Rechtskraft der Veranlagung, spätestens vor Erlaß der Anfechtungsentscheidung beantragt werden, weil nach Erlaß der Anfechtungsentscheidung neues tatsächliches Vorbringen zum streitigen Sachverhalt nicht mehr berücksichtigt werden kann.

(4) Das Begehren nach einer Bilanzänderung muß wirtschaftlich begründet sein. Das wird nur selten der Fall sein. Die Zustimmung ist z. B. zu versagen, wenn der Steuerpflichtige im Laufe des Veranlagungsverfahrens oder des Rechtsmittelverfahrens die an sich zulässige Herabsetzung eines Wertansatzes verlangt, weil das Finanzamt beabsichtigt, einen anderen Wertansatz zu erhöhen. Hinweis auf das RFH.-Urteil vom 1. Juli 1936 (RStBl. 1936 S. 779).

Zu der Frage der Gewinnermittlung gemäß § 4 Absatz 3 EStG. ist in den EStR. 1941 folgendes ausgeführt:

9. Gewinnermittlung § 4 Absatz 3 EStG. gemäß

(1) Der Steuerpflichtige kann § 4 Absatz 3 EStG. gemäß als Gewinn den Ueberschuß der Betriebseinnahmen über die Betriebsausgaben ansetzen, wenn das Betriebsvermögen wesentlichen Schwankungen in der Regel nicht unterliegt. Die Vorschrift gilt nicht für Steuerpflichtige, deren Betriebsvermögen wesentlichen Schwankungen nicht unterliegt, wenn sie § 160 oder § 161 Absatz 1 AO. gemäß verpflichtet sind, Bücher zu führen und auf Grund

jährlicher Bestandsaufnahmen regelmäßig Abschlüsse zu machen, oder wenn sie ohne eine solche Verpflichtung regelmäßig jährliche Bestandsaufnahmen machen. Hinweis auf das RFH.-Urteil vom 24. Oktober 1938 (RStBl. 1939 S. 193).

(2) Die Anschaffungskosten für abnutzbare Anlagegüter des Betriebsvermögens können im Jahr der Verausgabung voll als Betriebsausgaben berücksichtigt werden, wenn sie für das einzelne Anlagegut 200 RM nicht übersteigen. Uebersteigen die Anschaffungskosten für ein abnutzbares Anlagegut des Betriebsvermögens 200 RM, so sind die Aufwendungen § 7 EStG. gemäß zu verteilen.

(3) Wirtschaftlich ins Gewicht fallende Schwankungen im Betriebsvermögen, die in einem Wirtschaftsjahr ausnahmsweise auftreten, können bei der Gewinnermittlung § 4 Absatz 3 EStG. gemäß auf Antrag des Steuerpflichtigen oder von Amts wegen durch Zuschläge oder Abschläge berücksichtigt werden. Die Vermehrungen und die Verminderungen der Geldposten (Geldbestand, Postscheckguthaben, Bankguthaben u. dgl.) haben sich bereits bei der Gegenüberstellung der Betriebseinnahmen und der Betriebsausgaben ausgewirkt. Es sind deshalb nur Schwankungen im anderen Teil des Betriebsvermögens zu berücksichtigen. Schwankungen, die wirtschaftlich ins Gewicht fallen, liegen in der Regel nur vor, wenn der Wert dieses anderen Teils des Betriebsvermögens am Schluß des Wirtschaftsjahrs um mindestens die Hälfte höher oder niedriger ist als am Schluß des vorangegangenen Wirtschaftsjahrs.

(4) Der Uebergang von der Gewinnermittlung § 4 Absatz 3 EStG. gemäß (Ueberschuß der Betriebseinnahmen über die Betriebsausgaben) zur Gewinnermittlung § 4 Absatz 1 EStG. gemäß (Bestandsvergleich) erfordert, daß Betriebsvorgänge, die bisher nicht berücksichtigt worden sind, beim ersten Bestandsvergleich berücksichtigt werden. Das gilt insbesondere für Betriebsvorgänge, die die Waren betreffen. Der Unterschiedsbetrag zwischen dem Wert der Warenbestände und der Warenforderungen abzüglich des Werts der

Warenschulden beim Beginn der Gewinnermittlung gemäß § 4 Absatz 3 EStG., frühestens aber am 1. Januar 1925, und dem Wert der gleichen Posten am Schluß des Kalenderjahrs (Wirtschaftsjahrs), für das der Gewinn erstmals durch Bestandsvergleich ermittelt wird, ist dem erstmals durch Bestandsvergleich ermittelten Gewinn hinzuzurechnen oder von diesem Gewinn abzusetzen. Hinweis auf das RFH.-Urteil vom 7. Dezember 1938 (RStBl. 1939 S. 172). Das kommt nicht in Betracht, wenn der Gewinn in den Vorjahren griffweise oder nach dem Ist Umsatz oder dem Soll-Umsatz unter Anwendung von Richtsätzen geschätzt worden ist. Hinweis auf das RFH.-Urteil vom 6. März 1940 (RStBl. 1940 S. 423).

(5) Es kann vorkommen, daß sich bei dem Uebergang zur Gewinnermittlung durch Bestandsvergleich infolge von Hinzurechnungen Absatz 4 gemäß ein außergewöhnlich hoher Gewinn und eine außergewöhnlich hohe Steuer ergeben. Führt das zu Härten für den Steuerpflichtigen, so können sie auf Antrag des Steuerpflichtigen dadurch beseitigt werden, daß die Zurechnungsbeträge nicht voll dem Gewinn des Uebergangsjahrs hinzugesetzt sondern auf mehrere Jahre verteilt werden.

Zu der Frage der Nachholung von Rückstellungen für abzugsfähige Steuern bei Berichtigungsveranlagungen ist in dem EStG. 1941 folgendes ausgeführt:

11. Nachholung von Rückstellungen für abzugsfähige Steuern bei Berichtigungsveranlagungen

Führen Berichtigungsveranlagungen zu abzugsfähigen Mehrsteuern (z. B. Gewerbesteuer und Umsatzsteuer), so können diese Mehrsteuern zu Lasten des Wirtschaftsjahrs verbucht werden, in dem der Steuerpflichtige mit der Nachforderung rechnen kann. Die Mehrsteuern können auf Antrag des Steuerpflichtigen aber auch in den Wirtschaftsjahren berücksichtigt werden, in die sie wirtschaftlich gehören. Den Anträgen der Steuerpflichtigen ist in der Regel zu entsprechen. Wenn es sich um hinterzogene Steuern handelt, sind die Mehrsteuern aber grundsätzlich in den Jahren zu berücksichtigen, in die sie wirtschaftlich gehören.

Über die zeitliche Berücksichtigung der Gewerbesteuer bei der Gewinnermittlung geben die EStER. 1943 folgendes an:

8. Gewerbesteuer, zeitliche Berücksichtigung bei der Gewinnermittlung

(8) Wirtschaftliche Belastungen eines Betriebs (Unkosten) wirken auf den Betriebsgewinn vermindernd und auf den Betriebsverlust erhöhend. Sie müssen demgemäß bei der Ermittlung des Betriebsergebnisses grundsätzlich in dem Umfang berücksichtigt werden, in dem sie das betreffende Wirtschaftsjahr tatsächlich belasten. Belastungsbeträge, die im Laufe des Wirtschaftsjahres verausgabt werden, stellen, soweit sie sich wirtschaftlich auf ein späteres Wirtschaftsjahr beziehen, grundsätzlich Forderungen an die kommende Geschäftszeit dar. Sie müssen bei der Aufstellung der Hauptabschlußbilanz als transitorische Ausgaben aktiviert werden. Belastungsbeträge, die auf das abgelaufene Wirtschaftsjahr entfallen, aber noch nicht verausgabt sind, stellen Schulden an die kommende Geschäftszeit dar. Sie müssen bei der Aufstellung der Hauptabschlußbilanz als rückständige oder später fällige Unkosten oder als Rückstellungen passiviert werden.

(9) Es sind schon in der Vergangenheit Fälle vorgekommen, in denen es nicht leicht war, den genauen Betrag an Gewerbesteuer festzustellen, der noch das abgelaufene Wirtschaftsjahr belastete, aber erst später fällig war. Es handelte sich dabei insbesondere um die Fälle, in denen im Zeitpunkt der Aufstellung der Hauptabschlußbilanz die Veranlagung für den in Betracht kommenden Erhebungszeitraum noch nicht durchgeführt war und demgemäß der genaue Betrag der Abschlußzahlung noch nicht feststand. Es mußte in diesen Fällen der Teil der Gewerbesteuer, der noch das abgelaufene Wirtschaftsjahr belastete, aber als Abschlußzahlung erst später festgestellt und fällig wurde, geschätzt und als Rückstellung passiviert werden Durch § 2 GewStVV. vom 31. März 1943 ist der Gewerbeertrags-Bemessungszeitraum mit dem Gewerbesteuer-Erhebungszeitraum zusammengelegt worden. Danach wird es in fast allen Fällen unmöglich sein, im Zeitpunkt der Aufstellung der

Hauptabschlußbilanz den genauen Betrag der etwa erforderlichen Gewerbesteuer - Abschlußzahlung festzustellen; denn es kann in diesem Zeitpunkt in keinem Fall die Veranlagung bereits durchgeführt sein. Außerdem würde bei der Berechnung der Jahressteuer von einem gewerblichen Gewinn ausgegangen werden müssen, bei dessen Feststellung die zu berechnende Jahressteuer (einschließlich Abschlußzahlung) bereits voll als wirtschaftliche Belastung (Unkosten) berücksichtigt ist. Diese Berechnüng würde ein sehr umständliches mathematisches Verfahren erfordern und den meisten Gewerbesteuerpflichtigen unmöglich sein. Dieser veränderten Lage, die sich aus der Zusammenlegung des Bemessungszeitraums mit dem Erhebungszeitraum ergibt, wird durch eine Vereinfachungsmaßnahme entsprochen, die § 6 der Zweiten GewStVV. vom 16. November 1943 vorschreibt. Danach darf die Gewerbesteuer nach dem Gewerbeertrag und nach dem Gewerbekapital für steuerliche Zwecke nur insoweit zu Lasten eines Wirtschaftsjahres genommen werden, als sie in diesem Wirtschaftsjahr fällig geworden ist. Ein Bilanzpassivposten wegen später fälliger Gewerbesteuer kommt demgemäß nicht mehr in Betracht. Es brauchen infolgedessen bei der Aufstellung der Hauptabschlußbilanz auch keinerlei schwierige Berechnungen wegen der etwa erforderlichen Gewerbesteuer-Abschlußzahlung vorgenommen zu werden. Es kann als Bilanzpassivposten nur noch rückständige Gewerbesteuer in Betracht kommen. Darunter sind Gewerbesteuerbeträge zu verstehen, die im abgelaufenen Wirtschaftsjahr fällig geworden, aber am Schluß des Wirtschaftsjahres noch nicht entrichtet sind.

Bei Vollkaufleuten ist der Gewinn gemäß § 5 EStG. wie folgt zu ermitteln:

Bei Gewerbetreibenden, deren Firma im Handelsregister eingetragen ist, ist für den Schluß des Wirtschaftsjahres das Betriebsvermögen anzusetzen (§ 4 Absatz 1 Satz 1), das nach den Grundsätzen ordnungsmäßiger Buchführung auszuweisen ist. Die Vorschriften über die Entnahmen und die Einlagen (§ 4 Absatz 1), über die Zulässigkeit der Bilanzänderung (§ 4 Absatz 2), über die Betriebsausgaben (§ 4 Absatz 4) und über die Bewertung (§ 6) sind zu befolgen.

Hierzu bestimmen die EStR. 1941 folgendes:

28. Bedeutung der Eintragung im Handelsregister

§ 5 EStG. 1939 gilt nur für Gewerbetreibende, deren Firma im Handelsregister eingetragen ist. Ob ein Steuerpflichtiger einkommensteuerrechtlich als Gewerbetreibender anzusehen ist, ist gemäß § 15 EStG. zu beurteilen. Die Eintragung im Handelsregister ist nicht entscheidend. Es kann vorkommen, daß trotz der Eintragung im Handelsregister steuerrechtlich ein Gewerbebetrieb nicht anzunehmen ist.

29. Bestandsaufnahme

(1) Der buchführungspflichtige Kaufmann hat § 39 Absatz 2 HGB. gemäß grundsätzlich jährlich eine Inventur und eine Bilanz aufzustellen. Eine Ausnahme von diesem Grundsatz enthält § 39 Absatz 3 HGB. Diese Vorschrift lautet:

> *„Hat der Kaufmann ein Warenlager, bei dem nach der Beschaffenheit des Geschäfts die Aufnahme des Inventars nicht füglich in jedem Jahre geschehen kann, so genügt es, wenn sie alle zwei Jahre erfolgt. Die Verpflichtung zur jährlichen Aufstellung der Bilanz wird hierdurch nicht berührt."*

(2) Für steuerliche Zwecke ist die Vorschrift im § 161 AO. zu befolgen. Wenn eine der dort im Absatz 1 Ziffer 1 bezeichneten Voraussetzungen gegeben ist, sind „auf Grund jährlicher Bestandsaufnahmen regelmäßig Abschlüsse zu machen". Diese Vorschrift geht als steuerliche Sondervorschrift den allgemeinen Vorschriften des Handelsgesetzbuchs vor. Gewerbetreibende, die unter die Vorschrift im § 161 AO. fallen, haben eine Bestandsaufnahme für Steuerzwecke auch dann jährlich zu machen, wenn sie § 39 Absatz 3 HGB. gemäß eine Bestandsaufnahme nur alle zwei Jahre zu machen brauchten.

Die Frage der Bewertung regelt § 6 EStG. wie folgt:

Für die Bewertung der einzelnen Wirtschaftsgüter, die dem Betrieb dienen, gilt das Folgende:

1. Wirtschaftsgüter des Anlagevermögens, die der Abnutzung unterliegen, sind mit den Anschaffungs- oder Herstellungskosten, vermindert um die Absetzungen für Abnutzung nach § 7, anzusetzen. Ist der Teilwert niedriger, so kann dieser angesetzt werden. Teilwert ist der Betrag, den ein Erwerber des ganzen Betriebs im Rahmen des Gesamtkaufpreises für das einzelne Wirtschaftsgut ansetzen würde; dabei ist davon auszugehen, daß der Erwerber den Betrieb fortführt. Bei Wirtschaftsgütern des Anlagevermögens, deren betriebsgewöhnliche Nutzungsdauer erfahrungsgemäß fünf Jahre nicht übersteigt, dürfen buchführende Land- und Forstwirte sowie Gewerbetreibende und Angehörige der freien Berufe, die Bücher nach den Vorschriften des Handelsgesetzbuches ordnungsmäßig führen, die Absetzungen für Abnutzung höher als nach § 7 und ohne Rücksicht auf den Teilwert bemessen. (Gilt nur für Wirtschaftsgüter, die vor dem 1. Oktober 1937 bestellt worden sind. Der Verfasser.) Bei Wirtschaftsgütern, die bereits am Schluß des vorangegangenen Wirtschaftsjahres zum Anlagevermögen des Steuerpflichtigen gehört haben, darf der Bilanzansatz nicht über den letzten Bilanzansatz hinausgehen.
2. Andere als die in Ziffer 1 bezeichneten Wirtschaftsgüter des Betriebs (Grund und Boden, Beteiligungen, Geschäfts- oder Firmenwert, Umlaufsvermögen) sind mit den Anschaffungs- oder Herstellungskosten anzusetzen. Statt der Anschaffungs- oder Herstellungskosten kann der niedrige Teilwert (Ziffer 1 Satz 3) angesetzt werden. Bei Wirtschaftsgütern, die bereits am Schluß des vorangegangenen Wirtschaftsjahres zum Betriebsvermögen gehört haben, kann der Steuerpflichtige in den folgenden Wirtschaftsjahren den Teilwert auch dann ansetzen, wenn er höher ist als der letzte Bilanzansatz; es dürfen jedoch höchstens die Anschaffungs- oder Herstellungskosten angesetzt werden. Bei land- und forstwirtschaftlichen Betrieben ist auch der Ansatz des höheren Teilwerts zulässig, wenn das den Grundsätzen ordnungsmäßiger Buchführung entspricht.
3. Verbindlichkeiten sind unter sinngemäßer Anwendung der Vorschriften der Ziffer 2 anzusetzen.
4. Entnahmen des Steuerpflichtigen für sich, für seinen Haushalt oder für andere betriebsfremde Zwecke sind mit dem Teilwert anzusetzen.
5. Einlagen sind mit dem Teilwert für den Zeitpunkt der Zuführung, höchstens jedoch mit den tatsächlichen Anschaffungs- oder Herstellungskosten anzusetzen.
6. Bei Eröffnung eines Betriebs oder entgeltlichem Erwerb eines Betriebs sind die Wirtschaftsgüter mit dem Teilwert, höchstens jedoch mit den tatsächlichen Anschaffungs- oder Herstellungskosten anzusetzen.

Bei der Aufstellung der Bilanz ist die Frage der Bewertung von ausschlaggebender Bedeutung.

Das Gesetz unterscheidet zwischen Anschaffungs- bzw. Herstellungskosten und dem Teilwert. Der Teilwert ist als neuer Wertbegriff seit 1934 in das Einkommensteuergesetz eingeführt. Nach der Rechtsprechung des RFH. ist Teilwert der Betrag, den ein Erwerber des ganzen Betriebs im Gesamtkaufpreis für das einzelne Wirtschaftsgut ansetzen würde. Dabei ist davon auszugehen, daß der Erwerber den Betrieb fortsetzt.

Die Begründung zu § 6 EStG. 1934 (RStBl. 1935, 38) versteht unter Anschaffungskosten die Kosten des entgeltlichen Erwerbs einschließlich aller Nebenkosten. Nach der Rechtsprechung des RFH. gehören zu den Anschaffungskosten außer dem Kaufpreis alle Aufwendungen, die der Käufer machen muß, um die Kaufsache zu erhalten, also auch die Transport-, Aufstellungs- und ähnliche Kosten.

Unter Herstellungskosten werden alle auf die Herstellung verwandten Kosten verstanden. Die steuerlich maßgebenden Herstellungskosten beruhen auf den Selbstkosten; hierzu gehören auch die Fertigungskosten.

EStR. 1941

34. Fertigungsgemeinkosten

(1) Fertigungsgemeinkosten sind ein Teil der Selbstkosten. Die Selbstkosten setzen sich zusammen aus den Werkstoffkosten, den Fertigungslöhnen, den Gemeinkosten und den Sonderkosten. Die Gemeinkosten setzen sich zusammen aus den Fertigungsgemeinkosten und den Verwaltungs- und Vertriebs(gemein)kosten. Wegen der hauptsächlichsten Kostenarten der Fertigungsgemeinkosten Hinweis auf Nr. 25 der Leitsätze für die Preisermittlung auf Grund der Selbstkosten bei Leistungen für öffentliche Auftraggeber (LSOe.) vom 15. November 1938 (RGBl. I S. 1624). Allgemeine Verwaltungskosten, die danach nicht zu den Fertigungsgemeinkosten gehören, und Vertriebskosten gehören nicht zu den Herstellungskosten. Sonderkosten können zu den Herstellungskosten gehören, soweit sie zur Fertigstellung der Erzeugnisse im einzelnen aufgewendet werden müssen und nicht zu den allgemeinen Verwaltungskosten oder den Vertriebskosten zu rechnen sind. Hinweis auf Nr. 34 und folgende der LSOe.

(2) Die Fertigungsgemeinkosten gehören zu den Herstellungskosten im Sinne des § 6 EStG. Sie sind steuerlich zu berücksichtigen, einerlei, wie in der Handelsbilanz verfahren ist. Der niedrigere Teilwert kann statt der Herstellungskosten (einschließlich der Fertigungsgemeinkosten) nur dann angesetzt werden, wenn nachgewiesen wird, daß ein Käufer des Betriebs weniger bezahlen würde als den üblichen Aufwand für die Herstellung der Erzeugnisse. Hinweis auf das Gutachten des RFH. vom 4. Februar 1939 (RStBl. 1939 S. 321) und das RFH.-Urteil vom 11. Januar 1939 (RStBl. 1939 S. 323).

(3) Von den Steuern, die unter Nr. 25 Buchstabe i LSOe. als Fertigungsgemeinkosten bezeichnet sind, gehören die Steuern vom Einkommen und die Vermögensteuer steuerrechtlich nicht zu den abzugsfähigen Betriebsausgaben und auch nicht zu den Fertigungsgemeinkosten. Dazu und auch wegen der Verwaltungskosten, die nicht zu berücksichtigen sind, Hinweis auf das RFH.-Urteil vom 21. November 1939/5. März 1940 (RStBl. 1940 S. 683).

(4) Die Gewerbesteuer wird in den LSOe. unter Nr. 25 Buchstabe i (Fertigungsgemeinkosten) und Nr. 27 Buchstabe i (Verwaltungsgemeinkosten) angeführt. Sie gehört deshalb anteilig zu den Herstellungskosten. Der Anteil, der auf die Herstellungskosten entfällt, ist zu schätzen.

(5) Ich bin damit einverstanden, daß entgegen dem im Absatz 3 bezeichneten RFH.-Urteil die Aufbringungsumlage nicht zu den Herstellungskosten gerechnet wird. Sie ist in den LSOe. nur unter Nr. 27 Buchstabe i (Verwaltungsgemeinkosten), nicht aber auch unter Nr. 25 Buchstabe i (Fertigungsgemeinkosten) aufgeführt.

(6) Es kann dahingestellt bleiben, ob betriebswirtschaftlich die Zinsen vom Fremdkapital anteilig zu den Herstellungskosten gehören. Ich bin damit einverstanden, daß die Fremdkapitalzinsen nicht zu den Herstellungskosten gerechnet werden. Zinsen vom Eigenkapital dürfen in keinem Fall zu den Herstellungskosten gerechnet werden.

38. Bewertung der Schulden

(1) Schulden sind § 6 Ziffer 3 EStG. gemäß unter sinngemäßer Anwendung des § 6 Ziffer 2 EStG. mit dem Gegenwert (Verfügungsbetrag) anzusetzen, der dem Schuldner zugeflossen ist. Dieser stimmt in der Regel mit dem Betrag überein, den der Schuldner insgesamt zu entrichten hat.(Tilgungsbetrag).

(3) Darlehensschulden, deren Verfügungsbetrag unter dem Nennbetrag liegt, und die mit dem Nennbetrag zurückgezahlt werden müssen, sind mit dem Verfügungsbetrag anzusetzen. Der Unterschiedsbetrag zwischen dem Nennbetrag und dem Verfügungsbetrag ist auf die Laufzeit des Darlehens zu verteilen.

Beispiel:

Nennbetrag der Darlehensschuld		20 000 RM
Verfügungsbetrag		19 000 RM
Unterschiedsbetrag (Abgeld)		1 000 RM
Laufzeit des Darlehens zehn Jahre.		
Schuldbetrag auf dem Darlehenskonto		19 000 RM
Daneben ist ein. Abgeldkonto zu bilden.		
Es ist am Ende des ersten Jahres anzusetzen mit	100 RM	
und fortlaufend um jährlich	100 RM	
bis auf	1000 RM	
am Ende des zehnten Jahres zu erhöhen.		

39. Einlagen

(1) Einlagen, die in Sachwerten bestehen, sind mit den Anschaffungs- oder Herstellungskosten oder mit dem etwa niedrigeren Teilwert anzusetzen. Es ist dabei einerlei, zu welchem Zweck die eingebrachten Wirtschaftsgüter ursprünglich angeschafft worden sind.

(2) Die Anschaffungs- oder Herstellungskosten von Wirtschaftsgütern, die einem Betriebsvermögen entnommen worden sind und ihm später als Einlage wieder zugeführt werden, entsprechen dem Teilwert im Zeitpunkt der Entnahme aus dem Betriebsvermögen.

(3) Die Anschaffungs- oder Herstellungskosten abnutzbarer Anlagegüter des Betriebsvermögens sind um die Absetzungen für Abnutzung zu kürzen, die auf die Zeit vor ihrer Einbringung in den Betrieb entfallen

Die Frage der Absetzung für Abnutzung oder Substanzverringerung ist in § 7 EStG. wie folgt geregelt:

(1) Bei Gebäuden und sonstigen Wirtschaftsgütern, deren Verwendung oder Nutzung durch den Steuerpflichtigen zur Erzielung von Einkünften sich erfahrungsgemäß auf einen Zeitraum von mehr als einem Jahr erstreckt, kann jeweils für ein Jahr der Teil der Anschaffungs- oder Herstellungskosten abgesetzt werden, der bei Verteilung dieser Kosten auf die Gesamtdauer der Verwendung oder Nutzung auf ein Jahr entfällt (Absetzung für Abnutzung). Die Absetzung bemißt sich hierbei nach der betriebsgewöhnlichen Nutzungsdauer des Wirtschaftsguts. Absetzungen für außergewöhnliche technische oder wirtschaftliche Abnutzung sind zulässig.

(2) Bei Bergbauunternehmen, Steinbrüchen und anderen Betrieben, die einen Verbrauch der Substanz mit sich bringen, sind Absetzungen der Substanzverringerung zulässig. Absatz 1 ist entsprechend anzuwenden.

Ausgangspunkt für die Berechnung der Absetzungen oder Substanzverringerungen sind die Anschaffungs- oder Herstellungskosten. Die jährlichen Absetzungen sind grundsätzlich in der Weise zu berechnen, daß die Anschaffungs- bzw. Herstellungskosten auf die Gesamtdauer der Verwendung oder Nutzung verteilt werden. Darüber hinaus sind Absetzungen für außergewöhnliche technische oder wirtschaftliche Abnutzung zulässig.

EStR. 1941, 1943

(2) Eine erhöhte Abnutzung von Anlagegütern des Betriebsvermögens wird in manchen Fällen auch dadurch verursacht, daß Instandhaltungsarbeiten nicht oder nicht in dem erforderlichen Ausmaß ausgeführt werden können. Die Nutzungsdauer des Anlageguts wird geringer, wenn es nicht laufend instand gehalten wird. Das gilt nicht nur für Maschinen und Geräte, sondern auch für Gebäude und für bauliche Anlagen.

(3) Die erhöhte Abnutzung kann bei der Ermittlung des Gewinns § 7 Absatz 1 letzter Satz EStG. gemäß als außergewöhnliche technische Abnutzung durch eine

erhöhte Absetzung berücksichtigt werden. Die erhöhte Absetzung für Abnutzung ist jeweils für das Kalenderjahr (Wirtschaftsjahr) zulässig, in dem die erhöhte Abnutzung eingetreten ist. Rückstellungen für unterbliebene Instandhaltung können steuerlich nicht anerkannt werden.

(4) Wegen der erhöhten Absetzungen für Abnutzung bei Gebäuden, die nicht zu einem Betriebsvermögen gehören, Hinweis auf Abschnitt 103. Bei Betrieben, die einen Verbrauch der Substanz mit sich bringen, z. B. Bergbauunternehmungen, Steinbrüchen, Sandgruben usw., sind Absetzungen für Substanzverringerung zulässig. Die Höhe dieser Absetzungen ist im Einzelfall schwer zu berechnen, weil die Menge der vorhandenen Substanz und dementsprechend die betriebliche Nutzungsdauer meistens unbekannt ist. In der Praxis wird deshalb die in dem betreffenden Wirtschaftsjahr entnommene Substanz dieser Berechnung zugrunde gelegt.

Diejenigen Körperschaften, Personenvereinigungen und Vermögenmassen, die keine Vollkaufleute sind und deren Gesamteinkünfte daher nicht als Gewinn aus Gewerbebetrieb behandelt werden, können auch Einkünfte aus Kapitalvermögen, aus Vermietung und Verpachtung sowie sonstige Einkünfte im Sinne des § 22 EStG. haben. Hinsichtlich dieser Einnahmen bestimmt § 8 EStG folgendes:

(1) Einnahmen sind alle Güter, die in Geld oder Geldeswert bestehen und dem Steuerpflichtigen im Rahmen einer der Einkunftsarten des § 2 Absatz 3 Ziffern 4 bis 7 zufließen.

(2) Einnahmen, die nicht in Geld bestehen (Wohnung, Kost, Waren und sonstige Sachbezüge), sind mit den üblichen Mittelpreisen des Verbrauchsorts anzusetzen.

Die §§ 15 bis 17 EStG. regeln die Besteuerung von Gewerbebetrieben. Durch die Bestimmung des § 19 der Ersten KStDVO. ist klargestellt, daß bei den Steuerpflichtigen, die nach den Vorschriften des HGB. zur Führung von Büchern verpflichtet sind, alle Einkünfte als Einkünfte aus Gewerbebetrieb zu behandeln sind. Es gehören mithin grundsätzlich alle Vermögensvermehrungen zum steuerpflichtigen Gewinn, also auch einmalige Vermögensanfälle, wie z. B. Lotteriegewinne. Von diesem Grundsatz sind jedoch diejenigen Vermögensvermehrungen ausgenommen, die auf gesellschaftsrechtlicher Grundlage beruhen, wie z. B. gesell-

[illegible] und genossenschaftliche Einlagen, das Agio bei Gesellschaftsanteilen und Sanierungsgewinne, die durch Kapitalherabsetzungen erzielt wurden.

Außer den ausgewiesenen und nach den Bestimmungen des EStG. ermittelten Gewinnen sind auch die verdeckten Gewinnausschüttungen zu berücksichtigen. Hierzu bestimmt § 20 der Ersten KStDVO. folgendes:

§ 20

Verdeckte Gewinnausschüttungen

Bei der Ermittlung des Einkommens und bei der Mindestbesteuerung sind verdeckte Gewinnausschüttungen zu berücksichtigen.

Beispiele:

1. *Ein Gesellschafter führt Vorstandsgeschäfte und erhält hierfür ein unangemessen hohes Gehalt.*
2. *Eine Gesellschaft zahlt an einen Gesellschafter besondere Umsatzvergütungen neben einem angemessenen Gehalt.*
3. *Ein Gesellschafter erhält ein Darlehen von der Gesellschaft zinslos oder zu einem außergewöhnlich geringen Zinsfuß.*
4. *Ein Gesellschafter erhält von der Gesellschaft ein Darlehen, obwohl schon bei der Darlehenshingabe mit der Uneinbringlichkeit gerechnet werden muß.*
5. *Ein Gesellschafter gibt der Gesellschaft ein Darlehen zu einem außerordentlich hohen Zinsfuß.*
6. *Ein Gesellschafter liefert an die Gesellschaft Waren oder erwirbt von der Gesellschaft Waren und sonstige Wirtschaftsgüter zu ungewönhlichen Preisen oder erhält besondere Preisnachlässe und Rabatte.*
7. *Ein Gesellschafter verkauft Aktien an die Gesellschaft zu einem höheren Preis als dem Kurswert, oder die Gesellschaft verkauft Aktien an einen Gesellschafter zu einem niedrigeren Preis als dem Kurswert.*

8. *Eine Gesellschaft übernimmt zum Vorteil eines Gesellschafters eine Schuld oder sonstige Verpflichtungen, wie Bürgschaften.*
9. *Eine Gesellschaft verzichtet auf Rechte, die ihr einem Gesellschafter gegenüber zustehen.*
10. *Ein Dritter, der nicht nur für die Gesellschaft, sondern auch für einen Gesellschafter persönlich tätig ist, erhält hierfür eine Gesamtvergütung, welche die Gesellschaft unter Unkosten verbucht.*

Diese Aufzählung ist nicht vollständig. In jedem einzelnen Falle ist zu prüfen, ob eine verdeckte Gewinnausschüttung vorliegt. Beweispflichtig ist das Finanzamt.

Die verdeckten Gewinnausschüttungen sind dem Gewinn der ausschüttenden Körperscnaft hinzuzurechnen. Sie unterliegen außerdem dem Steuerabzug vom Kapitalertrag.

Aus der Rechtsprechung des RFH.

Zu § 6 KStG.

Auf die Abzugsfähigkeit der Konzessionsabgabe eines Eigenbetriebs im Sinne des § 22 der Eigenbetriebsverordnung vom 21. November 1938 (RGBl. I S. 1650) ist es ohne Einfluß, daß die Abgabe des einen der zusammengefaßten Betriebe bei den anderen verbucht wird.

(RFH.-Urteil vom 23. November 1943 I 152/43, RStBl. 1945 Nr. 5)

Entnahmen aus einem durch Gesellschaftereinlagen gebildeten Organisationsfonds eines Versicherungsunternehmens erhöhen den steuerpflichtigen Gewinn nicht.

(RFH.-Urteil vom 10. November 1943 I 58/43, RStBl. 1944 Nr. 23)

Zuckerfabriken, die ihrer Verpflichtung entsprechender Futtermittelerzeugung nicht nachgekommen sind und mit den Zwangsfolgen der Nacherzeugung oder der Auflage eines Barausgleiches zu rechnen haben, dürfen diese wertmindernde wirtschaftliche Last des Betriebes durch eine Rückstellung berücksichtigen.

(RFH.-Urteil vom 9. November 1943 I 147/43, RStBl. 1944 Nr. 119)

Die für die Zeit nach dem Krieg im Rahmen der Neugestaltung einer Stadt vorgesehene Verlegung eines Unternehmens rechtfertigt noch nicht eine Teilwertabschreibung.

(RFH.-Urteil vom 15. Dezember 1943 I 151/43, RStBl. 1944 Nr. 195)

Ob Zuwendungen eines Steuerpflichtigen an eine steuerbefreite Pensions- oder Unterstützungskasse seines Betriebes angemessen sind und deshalb abzugsfähige Betriebsausgaben bilden, richtet sich nach den Friedensgehältern.

(RFH.-Urteil vom 26. Oktober 1943 I 146/43, RStBl. 1944 Nr. 210)

Eine verdeckte Gewinnausschüttung kann vorliegen, wenn eine Familiengesellschaft nach dem Tod ihres Gesellschafters-Geschäftsführers an dessen Witwe freiwillig eine Witwenpension zahlt. Das gilt besonders dann, wenn die Witwe zur Bestreitung ihres Lebensunterhalts auf die Pension nicht angewiesen ist und wenn Witwen anderer leitenden Angestellten, die keine Gesellschafter waren, keine Altersversorgung gewährt wird.

(RFH.-Urteil vom 7. März 1944 I 214/43, RStBl. 1944 Nr. 337)

Eine Seilschwebebahn kann für die beim Konzessionsablauf eintretende Vermögenseinbuße Rückstellungen während der ganzen Betriebszeit machen. Vorausgesetzt ist, daß die Vermögenseinbuße als Folge des Konzessionsablaufs mit Sicherheit oder doch mit einiger Wahrscheinlichkeit zu erwarten ist.

(RFH.-Urteil vom 9. Mai 1944 I 196/43, RStBl. 1944 Nr. 478)

Der Rechtssatz des Urteils des Einkommensteuersenats vom 28. Juli 1943 VI 71/43 (RStBl. S. 781) von der grundsätzlichen Aktivierungspflicht von Vorräten an Ersatzteilen und sonstigen Reparaturmaterialien wird vom Körperschaftsteuersenat übernommen.

(RFH.-Urteil vom 23. November 1943 I 53/43, RStBl. 1944 Nr. 600)

Eine Bewertung von Geldmarktwerten unter den Anschaffungskosten oder dem niedrigeren Börsenpreis wegen des besonderen Liquiditätsrisikos ist nicht zulässig.

(RFH.-Urteil vom 23. Februar 1943 I 11/43, RStBl. 1943 Nr. 295)

Zuwendungen an Unterstützungskassen ohne Rechtsanspruch der Leistungsempfänger können in der Regel nicht mehr steuerfrei zugelassen werden, wenn das Kassenvermögen das Fünffache der durchschnittlichen Jahresleistung erreicht hat.

(RFH.-Urteil vom 12. Januar 1943 I 127/42, RStBl. 1943 Nr. 532)

Wenn für die Gefolgschaften mehrerer Unternehmer eine gemeinsame Unterstützungskasse eingerichtet ist, so werden die Kassenzuschüsse der beteiligten Unternehmer regelmäßig in einem angemessenen Verhältnis zueinander stehen. Zahlt ein Unternehmer unverhältnismäßig höhere Zuschüsse als die anderen beteiligten Unternehmer, so kann bei gesellschaftlicher Verflechtung der Unternehmer eine verdeckte Gewinnausschüttung an die weniger zahlenden Unternehmer vorliegen.

(RFH.-Urteil vom 22. Juni 1943 I 194/42, RStBl. 1943 Nr. 635)

Ein Wettbewerbsverbot, das nur auf beschränkte Zeit vereinbart ist, muß vom Berechtigten als selbständiges Wirtschaftsgut aktiviert werden.

(RFH.-Urteil vom 12. Oktober 1943 I 65/43, RStBl. 1943 Nr. 855)

Als jährliche Rückstellung für Pensionsverpflichtungen kann auch der Unterschied des versicherungsmathematisch errechneten Deckungskapitals zu Beginn und am Ende des Jahres angesetzt werden.

(RFH.-Urteil vom 18. November 1941 I 95/40, RStBl. 1942 Nr. 46)

Satzungsmäßige Zahlungen an ausscheidende Mitglieder von Versicherungsvereinen auf Gegenseitigkeit können bei der Gewinnermittlung abgesetzt werden, wenn die den Ausscheidungszahlungen entsprechenden Einkaufsgelder zu den steuerpflichtigen Einkünften gerechnet werden.

(RFH.-Urteil vom 23. September 1941 I 180/41, RStBl. 1942 Nr. 205)

Der Wert (Portefeuillewert) eines erworbenen Versicherungsbestandes ist in der wahrscheinlichen Restlaufzeit der übernommenen Verträge abzuschreiben.

Als Wert des Versicherungsbestandes kann der auf die Zeit nach der Übertragung entfallende Teil der Abschlußkosten angenommen werden.

Von einem Bilanzansatz für eine erworbene Organisation usw. sind regelmäßig Abschreibungen nicht zulässig.

(RFH.-Urteil vom 24. März 1942 I 259/40, RStBl. 1942 Nr. 559)

Bei der Nachprüfung der Steuereröffnungsbilanz eines Versorgungsbetriebes können aus der früheren bilanzmäßigen Behandlung der auf die Abnehmer umgelegten Herstellungskosten von Hausanschlüssen Rückschlüsse gezogen werden, ob diese Bauzuschüsse als Ertragzuschüsse oder als Überteuerungszuschüsse eingehoben wurden (vgl. § 19 Absatz 6 der Eigenbetriebsverordnung vom 21. November 1938, RGBl. S. 1650).

(RFH.-Urteil vom 12. Mai 1942 I 18/42, RStBl. 1942 Nr. 671)

Kredite, die eine Muttergesellschaft aus dem Ausland an ihre inländische Tochtergesellschaft zur Erweiterung ihrer Anlagen gibt, sind nicht ohne weiteres verdecktes Stammkapital.

(RFH.-Urteil vom 31. März 1942 I 195/41, RStBl. 1942 Nr. 785)

Durch die Einziehung eigener Aktien wird die Höhe des Gewinns nicht gemindert. Der steuerliche Erfolg wird auch dadurch nicht gemindert, daß für die herein genommenen eigenen Aktien fremde Aktien zu einem über dem Nennbetrag liegenden Tauschwert weggegeben werden.

(RFH.-Urteil vom 27. Oktober 1942 I 17/42, RStBl. 1942 Nr. 1028)

Bei Handelsbilanzansätzen, die wegen Fehlerhaftigkeit ihre verbindliche Wirkung auf den Ansatz des Abnützungswerts in der Steuerbilanz verloren haben, gewinnt der Grundsatz der Abhängigkeit der Steuerbilanz von der Handelsbilanz wieder maßgebliche Bedeutung, sobald in der Steuerbilanz von dem Abnutzungswert auf den etwa niedrigeren Teilwert übergegangen werden will.

(RFH.-Urteil vom 4. Juni 1940 I 310/39, - RStBl. 1941 Nr. 94)

Verzichtet ein Versicherungsverein auf Gegenseitigkeit trotz eines Verlustes im versicherungstechnischen Geschäft auf die Erhebung der satzungsmäßigen Nachschüsse, so liegt eine verdeckte Gewinnausschüttung nur vor, wenn die Vorbeiträge auf die Dauer unzureichend sind.

(RFH.-Urteil vom 19. November 1940 I 411/40, RStBl. 1941 Nr. 95)

Eine GmbH. unterliegt stets und im vollen Umfang der Gewerbesteuer, auch wenn die Geschäftsanteile ausschließlich einer Gemeinde gehören.

Wenn die GmbH. an die Gemeinde die auf Grund der Notverordnung erzielten Besoldungsersparnisse abfuhrt, so ist in der Regel der Tatbestand einer verdeckten Gewinnausschüttung gegeben.

Wenn eine für die Schneebeseitigung errichtete GmbH. von den Grundbesitzern Jahr für Jahr die gleichen Beiträge erhebt, so kann sie in einem schneearmen Jahr eine Rückstellung für den besonderen Aufwand in einem schneereichen Jahr bilden.

(RFH.-Urteil vom 9. Juli 1940 I 289/39, RStBl. 1941 Nr. 104)

Ein Versicherungsunternehmen kann Rückstellungen für Pensionszusagen an Angestellte in Höhe der fiktiven Bruttoprämie vornehmen; es darf unter bestimmten Voraussetzungen die Rückstellungen auch nach dem Unterschied des Deckungskapitals am Beginn und Ende des Wirtschaftsjahrs bemessen.

(RFH.-Urteil vom 19. November 1940 I 327/40, RStBl 1941 Nr. 132)

Einkünfte eines nicht unbeschränkt Steuerpflichtigen aus der Verpachtung von Schiffen, die in ein ausländisches Schiffsregister eingetragen sind, an eine inländische Firma (Betriebsstätte) fallen unter § 49 Ziffer 6 EStG.

(RFH.-Urteil vom 10. Dezember 1940 I 400/40, RStBl. 1941 Nr. 272)

Erhebt ein Wasserwerk von neu Angeschlossenen Bauzuschüsse und stellt die Beträge nach § 19 Absatz 6 dei Eigenbetriebsverordnung vom 21. November 1938 (RGBl. I S. 1650) zurück, so kann darin eine steuerlich anzuerkennende Passivierung der Verpflichtung liegen, das Wasser den neu Angeschlossenen zu unwirtschaftlichen Preisen zu liefern.

(RFH.-Urteil vom 11. Februar 1941 I 451/40, RStBl. 1941 Nr. 285)

Kohlenabbauende Gesellschaften können auch die Verpflichtung, eigene Grundstücke nach Beendigung der Kohlenausbeute wieder instand zu setzen, passivieren.

(RFH.-Urteil vom 25. Februar 1941 I 322/40, RStBl. 1941 Nr. 346)

Der anläßlich der Verschmelzung zweier Versicherungsvereine auf Gegenseitigkeit beim aufnehmenden Versicherungsverein entstehende Vermögenszuwachs ist nicht steuerpflichtig.

(RFH.-Urteil vom 11. Februar 1941 I 240/40, RStBl 1941 Nr. 417)

Selbständig abschreibbarer Teilgeschäftswert bei Niederlassungen von öffentlichen Sparkassen.

(RFH.-Urteil vom 6. Mai 1941 I 368/39, RStBl. 1941 Nr. 806)

Zur Behandlung von Abschreibungen auf Zahlungsrückstände ausgeschiedener Genossenschaftsmitglieder.

(RFH.-Urteil vom 24. September 1941 I 93/41, RStBl 1941 Nr. 862)

Zur Frage der Rückstellung für Pensionsverpflichtungen, die aus einem festen, für die Erfüllung der Verpflichtungen bestimmten Kapital und dessen anwachsenden Zinsen gedeckt werden sollen.

(RFH.-Urteil vom 24. September 1941 I 191/41, RStBl. 1941 Nr. 864)

Absetzungen für Abnutzung auf die Gleisanlagen einer Straßenbahn.

(RFH.-Urteil vom 14. Oktober 1941 I 29/41, RStBl. 1941 Nr. 914)

Gleiche oder ähnliche Gegenstände, die zum Betriebsvermögen gehören, verlieren ihre Eigenschaft als einzelne Wirtschaftsgüter nicht durch ihre buchmäßige Zusammenfassung in einem Buchungs- (Bilanz-) Posten.

(RFH.-Urteil vom 28. November 1939 I 394/39, RStBl. 1940 Nr. 35)

Verdecktes Stammkapital bei Teilschuldverschreibungen, die eine Aktiengesellschaft an Stelle eingezogener Aktien ausgibt und mit Vorteilen ausstattet, die dem Aktienrecht entnommen sind.

(RFH.-Urteil vom 31. Oktober 1939 I 77/37, RStBl. 1940 Nr. 44)

Bei einer Stiftung, die nur Einkünfte aus Kapitalvermögen hat, kann an den Zinsen, die bei der Einlösung von Stücken einer Anleiheablösungsschuld zugeflossen sind, der auf die Zeit vor dem Erwerb der Stücke entfallende Teil der Zinsen, soweit er im Kaufpreis enthalten war, als Werbungskosten abgesetzt werden.

Zum Zweck der Schätzung der hiernach abzugsfähigen Zinsen ist der für das einzelne Anleihestück gezahlte Kaufpreis nach dem Verhältnis des Nennbetrags der auf die Zeit vor dem Erwerb entfallenden Zinsen zu dem Kapitalrückzahlungsbetrag des Stücks zu zerlegen.

(RFH.-Urteil vom 28. November 1939 I 383/39, RStBl. 1940 Nr. 155)

Hat eine Verbrauchergenossenschaft, deren Geschäftsbetrieb über den Kreis der Mitglieder hinausgeht, Kaufpreisrückvergütungen gleichmäßig an Mitglieder und Nichtmitglieder gewährt, so kann eine verdeckte Gewinnausschüttung nur angenommen werden, wenn und soweit die den Mitgliedern zugestandenen Preise, die sich unter Berücksichtigung der Kaufpreisvergütungen errechnen, niedriger sind als die ortsüblichen Preise der verkauften Waren.

(RFH.-Urteil vom 12. Dezember 1939 I 317/39, RStBl. 1940 Nr. 308)

Der Auffassung, daß eine Firma, die an Angestellte erst im Zeitpunkt des Ausscheidens ein Pensionsrecht gewährt, berechtigt ist, den kapitalisierten Betrag der Rente als Schuldposten in die Schlußbilanz des Jahres des Ausscheidens der Angestellten einzusetzen (vgl. RFH. Bd. 47 S. 215, RStBl. 1939 S. 1078), wird auch für das Gebiet der Körperschaftsteuer beigetreten.

Das nach der Rechtsprechung des RFH. bestehende Wahlrecht für die buchmäßige Behandlung von Pensionsverpflichtungen gestattet kein willkürliches Hinundherschwanken zwischen den zulässigen Bilanzierungsmöglichkeiten.

(RFH. Urteil vom 16. Januar 1940 I 233/39, RStBl. 1940 Nr. 341)

Die auf die Annahme einer üblichen Nutzungsdauer der Betriebsanlagen aufgebauten Sätze der Absetzungen für Abnutzung können nicht bei jeder Konjunktur- und damit Benutzungsschwankung geändert werden.

(RFH.-Urteil vom 6. Februar 1940 I 83/39, RStBl. 1940 Nr. 359)

Die bilanzmäßige Behandlung der Verpflichtung eines Kohlenbergwerks auf Wiederinstandsetzung der dem Unternehmen dienenden landwirtschaftlichen Grundstücke nach Beendigung der Kohlenausbeute. Fragen der Bilanzberichtigung und der Nachholung unterlassener Rückstellungen.

(RFH.-Urteil vom 28. November 1939 I 232/39, RStBl. 1940 Nr. 390)

Zur Frage der Nachholung von Abnutzungsabsetzung.

(RFH.-Urteil vom 19. Dezember 1939 I 54/39, RStBl. 1940 Nr. 472)

Zur Bemessung des Teilwerts von Grundstücken, die ein Bergwerkunternehmen zur Sicherung gegen Ersatzansprüche wegen etwaiger Bergschäden aufgekauft hat.

(Bescheid des RFH. vom 10. Oktober 1939, bestätigt durch Urteil vom 9. Januar 1940 I 9/39, RStBl. 1940 Nr. 536)

Zu den aktivierungspflichtigen Herstellungskosten des sogenannten Kohlenabraumvorrats bei Braunkohlenbergbaubetrieben gehören auch die Abnutzungsabsetzungen an den der Herstellung unmittelbar dienenden Maschinen und Geräten.

Den aktivierungspflichtigen Fertigungsgemeinkosten sind auch Aufwendungen für Gewerbesteuer und Aufbringungsumlage, nicht aber solche für Personensteuern (z. B. Körperschaftsteuer, Vermögensteuer) und für Umsatzsteuer zuzurechnen.

(Bescheid des RFH. vom 21. November 1939, bestätigt durch Urteil vom 5. März 1940 I 67/39, RStBl. 1940 Nr. 579)

Wenn ein Bergwerksbetrieb in einem voraussehbaren Zeitpunkt wegen Einstellung des Pumpenbetriebs an die Grundeigentümer Entschädigungen für die Überflutung der Grundstücke bezahlen muß, so ist eine Rückstellung des Gegenwartswerts dieser Vergütungen steuerlich zulässig.

Der Kaufmann kann im Rahmen der handelsrechtlichen Bewertungsfreiheit für Verbindlichkeiten einen höheren Teilwert auch dann ansetzen, wenn die Erhöhung der Passivlast auf Umstände zurückzuführen ist, die in früheren Jahren eingetreten sind.

Landwirtschaftlich genutzte Grundstücke gehören nicht zu den abnutzbaren Wirtschaftsgütern (§ 6 Ziffer 1 EStG.); für ihre Bewertung ist daher § 6 Ziffer 2 EStG. maßgebend.

(RFH.-Urteil vom 11. Juni 1940 I 405/39, RStBl. 1940 Nr. 652)

Bei Seilschwebebahnen dürfen — anders wie bei Klein- und Privatbahnen (vgl. Entsch. des RFH. vom 19. Dezember 1934, Bd. 37 S. 135, RStBl. 1935 S. 675) — neben dem Abzug des laufenden Erhaltungsaufwands auch Absetzungen für Abnutzung vorgenommen werden.

(RFH.-Urteil vom 19. Juni 1940 I 74/40, RStBl. 1940 Nr. 742)

Ein Gesellschafter ist nicht ohne weiteres verpflichtet, seine Erfindungen unentgeltlich der Gesellschaft zu überlassen. Bedient sich eine Gesellschaft eines Geschäftsführers, von dessen erfinderischer Begabung sie sich besondere Erfolge verspricht, so muß sie auch bei der Besoldung des Geschäftsführers dessen erfinderische Fähigkeiten berücksichtigen.

(RFH.-Urteil vom 23. Juli 1940 I 20/40, RStBl. 1940 Nr. 805)

Verdecktes Stammkapital bei Herabsetzung des Stammkapitals unter Umwandlung von Stammanteilen in Darlehen.

(RFH.-Urteil vom 27. September 1938 I 135/38, RStBl. 1939 Nr. 149)

Zur steuerlichen Behandlung von Pensionsverpflichtungen einer Versicherungsanstalt, deren Beamte Ruhegehälter nach den staatlichen Pensionsgesetzen erhalten.

(RFH.-Urteil vom 25. Oktober 1938 I 143/38, RStBl. 1939 Nr. 151)

Werden für die Ermittlung des Anschaffungs- oder Herstellungswerts vom 1. Januar 1925 bei Gebäuden, die vor dem 1. Januar 1925 angeschafft oder hergestellt worden sind und nicht zu einem Betriebsvermögen gehören, sogenannte Hilfswerte (z. B. der Einheitswert 1935) benutzt, so sind diese Hilfswerte auf Verlangen des Steuerpflichtigen auf ihre Angemessenheit nachzuprüfen und erforderlichenfalls entsprechend abzuändern.

(RFH.-Urteil vom 30. August 1938 I 392/37, RStBl. 1939 Nr. 211)

Zur Rückstellung für Pensionsverpflichtungen in einem Fall, in dem für die Dienstzeit des Berechtigten keine Altersgrenze festgesetzt ist und eine Versicherungsgesellschaft wegen hohen Alters des Berechtigten nur gegen eine Einmalprämie versichert hätte.

(RFH.-Urteil vom 11. Oktober 1938 I 95/38, RStBl. 1939 Nr. 260)

Die Fertigungsgemeinkosten müssen in den Herstellungskosten im Sinne des § 6 EStG. berücksichtigt werden.

(RFH.-Urteil vom 4. Februar 1939 Gr. S. D 7/38, RStBl. 1939 Nr. 305)

Gewinnausschlußvereinbarungen zwischen der Obergesellschaft und ihrem Organ können auch formlos getroffen sein. Es ist Tatfrage, ob solche formlos getroffenen Vereinbarungen vorhanden waren, die alle nach der Rechtsprechung erforderlichen Voraussetzungen erfüllten.

(RFH.-Urteil vom 2. August 1938, bestätigt durch Urteil vom 29. November 1938 I 85/38, RStBl. 1939 Nr. 327)

Zur Frage der Bindung der Steuerbilanz an die Handelsbilanz, wenn bei der Verschmelzung zweier Kapitalgesellschaften die übernehmende Gesellschaft mitübernommene Verbindlichkeiten in die Handelsbilanz nicht eingestellt hat.

(RFH.-Urteil vom 25. Oktober 1938 I 224, 225/37, RStBl. 1939 Nr. 386)

Ist der Anfangswert eines abnutzbaren Wirtschaftsguts in der Handelsbilanz höher als in der Steuerbilanz, so darf in der Steuerbilanz vom Abnutzungswert nur übergegangen werden, wenn und soweit auch der Handelsbilanzansatz unter den bisherigen Steuerbilanzansatz gesenkt wird.

Ist eine buchführungspflichtige Körperschaft in der Handelsbilanz vom Abnutzungswert auf den niedrigeren Teilwert oder einen Zwischenwert übergegangen, während dieser Übergang in der Steuerbilanz nach Satz 1 nicht zulässig war, so ist sie für die Bemessung der in der Steuerbilanz vorzunehmenden Absetzung für Abnutzung an die Handelsbilanz nicht gebunden.

(RFH.-Urteil vom 30. November 1938 I 192/38, RStBl. 1939 Nr. 415)

Gegenstände des Anlagevermögens, die keinen Wert mehr haben, dürfen in der Bilanz nicht mehr ausgewiesen werden.

(RFH.-Urteil vom 7. Februar 1939 I 24/39, RStBl. 1939 Nr. 452)

Wenn eine Körperschaft, deren Besteuerung bisher infolge gesetzlicher Steuerbegünstigungen kein Vermögensvergleich zugrunde gelegt worden ist, in die volle Steuerpflicht eintritt, so ist für die Bewertung in der steuerlichen Anfangsbilanz die Bestimmung des § 6 Ziffer 6 EStG. maßgebend.

(RFH.-Urteil vom 18. Oktober 1938 I 113/38, RStBl. 1939 Nr. 400)

Zuwendungen an eine Tochtergesellschaft, die die Muttergesellschaft nicht im eigenen Betriebsinteresse, sondern im Interesse ihrer Gesellschafter macht, sind verdeckte Gewinnausschüttungen.

(RFH.-Urteil vom 6. Dezember 1938 I 401, 402, 403/38, RStBl. 1939 Nr. 401)

Zur steuerlichen Behandlung eines Falls, in dem eine GmbH. an ihre Geschäftsführer als Ersatz für künftige Tantiemen und Ruhegehaltsbezüge Genußscheine und an deren Stelle später eigene Geschäftsanteile hingegeben hat.

(RFH.-Urteil vom 29. November 1938 I 412/37, RStBl. 1939 Nr. 467)

Ordnungsstrafen wegen Verfehlungen gegen die Wirtschaftsgesetze sind auch für die Körperschaftsteuer keine abzugsfähigen Betriebsausgaben.

(RFH.-Urteil vom 28. März 1939 I 27/39, RStBl. 1939 Nr. 568)

Die Fertigungsgemeinkosten gehören zu den aktivierungspflichtigen Herstellungskosten im Sinne des § 6 EStG. 1934.

(RFH.-Urteil vom 4. April 1939 I 343/38, RStBl. 1939 Nr. 752)

Die Fertigungsgemeinkosten müssen den Herstellungskosten zugerechnet werden. An der für das Körperschaftsteuergesetz 1925 vertretenen anderen Auffassung (vgl. IA 245/30, RStBl. 1931 S. 307) wird für das EStG. 1934 nicht festgehalten.

(RFH.-Urteil vom 16. Mai 1939 I 273/38, RStBl. 1939 Nr. 754)

Eine von Jahr zu Jahr verschiedene Preisgestaltung bei der Warenlieferung einer Organgesellschaft an ihre Obergesellschaft, durch die der Gewinn bald der Organgesellschaft voll belassen, bald ganz oder zum Teil auf die Obergesellschaft übertragen wird, kann nicht als eine die steuerliche Auswirkung des Organverhältnisses bedingten Gewinnabführungsvereinbarung anerkannt werden.

(RFH.-Urteil vom 14. Februar 1939 I 32/38, RStBl. 1939 Nr. 947)

Zur Aktivierung von Aufwendungen einer Gesellschaft für die Herstellung einer Angestelltenwohnung im Haus eines Gesellschafters.

(RFH.-Urteil vom 21. März 1939 I 61/39, RStBl. 1939 Nr. 1008)

Zur Frage der Aktivierung von Aufwendungen auf Zuchtsorten und der Absetzungen hieran.

(RFH.-Urteil vom 4. April 1939 I 39/39, RStBl. 1939 Nr. 1009)

Überträgt eine OHG. ihre gesamten Anlagen, die Güterherstellung und den Vertrieb der Erzeugnisse, also die ganze geschäftliche Tätigkeit auf eine von ihr oder ihren Gesellschaftern gegründete GmbH. und beschränkt sie sich nur auf die Verwaltung der Gebäude, die sonstigen Betriebsanlagen und Kapitalien, so ist die GmbH. körperschaftsteuerrechtlich kein Organ der OHG. im Sinne der Rechtsprechung.

(RFH.-Urteil vom 9. Mai 1939 I 413/38, RStBl. 1939 Nr. 1108)

Bei einem Betrieb gewerblicher Art einer Körperschaft des öffentlichen Rechts ist eine verdeckte Gewinnausschüttung auch dann gegeben, wenn die Vorteile nicht der eigenen Körperschaft, sondern einem anderen Rechtsgebilde zugewandt werden, das der eigenen Körperschaft nahesteht.

(RFH.-Urteil vom 9. Mai 1939 I 389/38, RStBl. 1939 Nr. 918)

§ 7

Für die Ermittlung des Einkommens ist es ohne Bedeutung, ob das Einkommen verteilt wird oder nicht. Ausschüttungen jeder Art auf Genußscheine, mit denen das Recht auf Beteiligung am Gewinn und am Liquidationserlös der Kapitalgesellschaften verbunden ist, dürfen das Einkommen nicht mindern.

Für die Ermittlung des Bilanzgewinnes und die Festsetzung der Körperschaftsteuer spielt es keine Rolle, ob der Gewinn verteilt wird oder nicht.

Genußscheine verbriefen schuldrechtliche Ansprüche auf einen Anteil am Gewinn oder am Liquidationserlös von Kapitalgesellschaften oder auf beides. Sie werden aus den verschiedensten Gründen gewährt; Gesellschaftsrechte sind mit ihnen nicht verbunden. An und für sich würden Zahlungen an Genußscheininhaber daher Betriebsausgaben der Kapitalgesellschaft bedeuten. Die Frage ist aber zweifelhaft und war unter der Herrschaft des Körperschaftsteuergesetzes 1925 nicht eindeutig entschieden. § 7 Satz 2 des Körperschaftsteuergestzes 1934 bestimmt nun, daß Ausschüttungen auf solche Genußscheine, die einen Anspruch auf Gewinnbeteiligung und gleichzeitig auf einen Anteil am Liquidationserlös gewähren, den steuerpflichtigen Bilanzgewinn nicht vermindern dürfen. Ausschüttungen auf andersartige Genußscheine, nämlich auf solche, die einen Anspruch nur auf Gewinnbeteiligung oder nur auf einen Anteil am Liquidationserlös gewähren, stellen jedoch Betriebsausgaben dar.

Ausschüttungen an Aktionäre, Gesellschafter, Genossen oder Mitglieder von Körperschaften sind bei diesen außerdem steuerpflichtig nach den Bestimmungen des Einkommensteuergesetzes. Insoweit liegt eine Doppelbesteuerung vor, die aber vom Gesetzgeber beabsichtigt ist.

Die Entwicklung der wirtschaftlichen Verhältnisse hat es mit sich gebracht, daß ein Unternehmen, z. B. eine AG. oder GmbH. von einem anderen Unternehmen derartig abhängig sein kann, daß es gewissermaßen als unselbständiges Organ des anderen Unternehmens anzusprechen ist. Man spricht dann von einer Organschaft oder einem Organverhältnis. Das unselbständige Unternehmen nennt man Organgesellschaft, es muß sich bei diesem aber um eine juristische Person handeln. Das übergeordnete Unternehmen (Obergesellschaft, Dienstherr) kann sowohl eine juristische als auch eine physische Person sein. Die Organschaft hat auch steuerliche Auswirkungen, die sich zuerst auf das Gebiet der Umsatzsteuer erstrecken, dann sich aber auch auf das Gebiet der Körperschaftsteuer ausdehnten. Gesetzlich verankert ist die Organschaft in § 2 der Durchführungsverordnung zum Umsatzsteuergesetz, der folgenden Wortlaut hat:

§ 2

Organschaft

Eine juristische Person ist dem Willen eines Unternehmers dann derart untergeordnet, daß sie keinen eigenen Willen hat (Organgesellschaft), wenn sie nach dem Gesamtbild der tatsächlichen Verhältnisse finanziell, wirtschaftlich und organisatorisch in sein Unternehmen eingegliedert ist.

Die Anerkennung der Organschaft für das Körperschaftsteuerrecht ist in der Begründung zum KStG. zum Ausdruck gebracht, im Gesetz selbst oder in der Ersten KStDVO. ist sie nicht verankert.

Das Wesen einer Organschaft besteht darin, daß die Organgesellschaft mit der Obergesellschaft einen Gewinnabführungsvertrag geschlossen hat, auf Grund dessen sie ihren ganzen Geschäftsgewinn oder einen Teil desselben oder ihren Verlust an die Obergesellschaft abzuführen hat. Ein solcher Vertrag wird, wenn die Voraussetzungen für die Organschaft gemäß § 2 der Durchführungsbestimmungen zum Umsatzsteuergesetz gegeben sind, auch für die Körperschaftsteuer anerkannt, so daß die Organgesellschaft also für eine Veranlagung zur Körperschaftsteuer ganz oder zum Teil ausscheidet.

Aus der Rechtsprechung des RFH.

Zu § 7 KStG.

Ein Organverhältnis kann nur dann anerkannt werden, wenn die Obergesellschaft selbst eine geschäftliche Tätigkeit ausübt, in die sich die Untergesellschaft nach Art einer Geschäftsabteilung eingliedert. Diese Voraussetzung kann auch dann gegeben sein, wenn die Beteiligung der Obergesellschaft am allgemeinen wirtschaftlichen Verkehr sich auf geschäftsleitende Verrichtungen beschränkt.

(RFH.-Urteil vom 1. April 1941 I 290/40, RStBl. 1942 Nr. 798)

2. Sachliche Befreiungen

§ 8

Bei Personenvereinigungen

Bei Personenvereinigungen, die unbeschränkt steuerpflichtig sind, bleiben für die Ermittlung des Einkommens die auf Grund der Satzung erhobenen Beiträge der Mitglieder außer Ansatz.

Die sachlichen Befreiungen des §§ 8 bis 10 KStG. erstrecken sich nur auf einen Teil der Einkünfte der Körpeschaft. Sie sind begrifflich zu scheiden von den persönlichen Befreiungen, die im § 4 KStG. geregelt sind.

Die Beiträge der Mitglieder von Personenvereinigungen definiert § 21 der Ersten KStDVO. wie folgt:

§ 21

Mitgliederbeiträge

(1) Mitgliederbeiträge im Sinne des § 8 des Gesetzes sind Beiträge, die die Mitglieder einer Personenvereinigung lediglich in ihrer Eigenschaft als Mitglieder nach den Satzungen zu entrichten verpflichtet sind.

(2) Für Versicherungsunternehmen ist die Vorschrift des § 8 des Gesetzes nicht anzuwenden.

Aus der Rechtsprechung des RFH.

Zu § 8 KStG.

Mitgliederbeiträge von Personenvereinigungen bleiben für die Ermittlung des Einkommens nur dann außer Ansatz, wenn sie ihrer Art und Höhe nach in der Satzung genau festgelegt sind.

(RFH.-Urteil vom 2. April 1940 I 130/39, RStBl. 1940 Nr. 486)

Echte Mitgliederbeiträge sind auch dann anzuerkennen, wenn in der Satzung ein bestimmter Berechnungsmaßstab vorgesehen oder ein Organ benannt ist, das die Beiträge der Höhe nach festzusetzen hat, und dieses Organ die Beiträge erkennbar festsetzt.

(RFH.-Urteil vom 20. Dezember 1940 I 258/40, RStBl. 1941 Nr. 86)

Beiträge der Mitglieder eines Versicherungsvereins auf Gegenseitigkeit zur Auffüllung des Reservefonds sind keine steuerfreien Einlagen.

(RFH.-Urteil vom 20. Dezember 1940 I 365/40, RStBl. 1941 Nr. 273)

Bei Vereinen, die nach ihrem Aufgabenkreis vorwiegend ihre Mitglieder wirtschaftlich fördern, sind die Mitgliederbeiträge nicht steuerfrei. Ausnahmen sind möglich bei Vereinen, die nach den einzelnen Einkunftsarten besteuert werden, wenn sich die wirtschaftliche Förderung der Mitglieder auf abgegrenzte Teilaufgaben beschränkt und dafür ein angemessenes Entgelt — außerhalb des Mitgliederbeitrags — gezahlt wird.

(RFH.-Urteil vom 20. Juli 1943 I 95/43, RStBl. 1943 Nr. 693)

Beiträge und Gebühren, die Stutbuchgesellschaften erheben, können Gegenleistungen der Mitglieder für die Leistungen der Gesellschaft darstellen.

(RFH.-Urteil vom 1. Oktober 1940 I 203/39, RStBl. 1941 Nr. 44)

§ 9

Bei Schachtelgesellschaften

(1) Ist eine unbeschränkt steuerpflichtige Kapitalgesellschaft nachweislich seit Beginn des Wirtschaftsjahres ununterbrochen an dem Grund- oder Stammkapital einer anderen unbeschränkt steuerpflichtigen Kapitalgesellschaft in Form von Aktien, Kuxen oder Anteilen mindestens zu einem Viertel unmittelbar beteiligt, so bleiben die auf die Beteiligung entfallenden Gewinnanteile jeder Art außer Ansatz. Ist ein Grund- oder Stammkapital nicht vorhanden, so tritt an seine Stelle das Vermögen, das bei der letzten Veranlagung zur Vermögenssteuer festgestellt worden ist.

(2) Soweit die Gewinnanteile außer Ansatz bleiben, ist der Steuerabzug vom Kapitalertrag nicht vorzunehmen.

(3) Diese Vorschriften gelten entsprechend, wenn Reich, Länder, Gemeinden und Gemeindeverbände oder Betriebe von inländischen Körperschaften des öffentlichen Rechts an unbeschränkt steuerpflichtigen Kapitalgesellschaften beteiligt sind.

§ 9 befreit bei Schachtelgesellschaften die Obergesellschaft von der Körperschaftsteuerpflicht der ihr aus einer Beteiligung an einer Untergesellschaft zufließenden Gewinnanteile jeder Art.

Zu § 9 bestimmt § 22 der Ersten KStDVO. folgendes:

§ 22

Schachtelgesellschaften

(1) Die Vergünstigung für Schachtelgesellschaften nach § 9 des Gesetzes kommt nur für solche Aktien, Kuxe oder Anteile in Betracht, die der unbeschränkt steuerpflichtigen Kapitalgesellschaft ununterbrochen seit mindestens zwölf Monaten vor dem für die Ermittlung des Einkommens maßgebenden Schlußstichtag gehört haben.

(2) Die Vergünstigung für Schachtelgesellschaften gilt unter den Voraussetzungen des § 9 des Gesetzes und des vorstehenden Absatzes 1 auch für Aktien, Kuxe oder Anteile, die einem unbeschränkt steuerpflichtigen Versicherungsverein auf Gegenseitigkeit gehören.

Die Schachtelvergünstigung ist an folgende Voraussetzungen geknüpft:

1. Beide Unternehmungen, sowohl die Obergesellschaft als auch die Untergesellschaft, müssen unbeschränkt steuerpflichtig sein.
2. Die Obergesellschaft muß eine Kapitalgesellschaft, ein Versicherungsverein auf Gegenseitigkeit, das Reich, ein Land, eine politische Gemeinde oder ein Gemeindeverband oder ein Betrieb einer inländischen Körperschaft des öffentlichen Rechts sein.
3. Die Untergesellschaft muß eine Kapitalgesellschaft sein
4. Die Obergesellschaft muß an dem Grund- oder Stammkapital der Untergesellschaft in Form von Aktien, Kuxen oder Anteilen mindestens zu einem Viertel beteiligt sein.
5. Die Beteiligung muß eine unmittelbare sein, eine mittelbare Beteiligung genügt nicht.
6. Di Beteiligung muß seit Beginn des Wirtschaftsjahres bestehen und muß ununterbrochen seit mindestens zwölf Monaten vor dem Schlußstichtag bestanden haben.

Liegen alle diese Voraussetzungen vor, so bleiben Gewinnanteile jeder Art, welche die Obergesellschaft von der Untergesellschaft bezogen hat, hinsichtlich der Körperschaftsteuer bei ersterer außer Ansatz. Zu den Gewinnanteilen gehören auch verdeckte Gewinnausschüttungen. Auch der Steuerabzug vom Kapitalertrag ist nicht vorzunehmen.

Der Unterschied gegenüber einer Gewinnabführungsvereinbarung bei einem Organverhältnis liegt in folgendem:

1. Bei einem Organverhältnis braucht die Obergesellschaft keine juristische Person zu sein, bei der Schachtelgesellschaft muß sie es sein.
2. Bei einem Organverhältnis kann der Verlust der Untergesellschaft von dem Gewinn der Obergesellschaft in Abzug gebracht werden, bei dem Schachtelverhältnis ist das nicht möglich.

Aus der Rechtsprechung des RFH.

Zu § 9 Absatz 1

Nimmt die Untergesellschaft eine andere Gesellschaft im Wege der Verschmelzung nach § 233 Ziffer 1 AktG. auf, so besteht die Schachtelvergünstigung der Obergesellschaft dem Grunde nach auch dann, wenn die Obergesellschaft an der aufgenommenen Gesellschaft nicht oder zu weniger als einem Viertel beteiligt gewesen ist. Bei der Ermittlung der Quote der Beteiligung der Obergesellschaft an der Untergesellschaft sind Aktien, die die Obergesellschaft im Umtausch gegen Aktien der aufgenommenen Gesellschaft erhalten hat, mitzurechnen.

(RFH.-Urteil vom 7. Juli 1943 I 103/43, RStBl. 1943 Nr. 844)

Wenn eine Kapitalgesellschaft zu Beginn eines Wirtschaftsjahrs am Stammkapital einer anderen Kapitalgesellschaft mindestens zu einem Viertel beteiligt ist, so verliert sie die Schachtelvergünstigung nicht, wenn sie diese Gesellschaft im Laufe des Wirtschaftsjahres im Wege einer Verschmelzung (§§ 305, 306 in Verbindung mit § 304 HGB.) aufnimmt.

(RFH.-Urteil vom 25. Februar 1941 I 329/40, RStBl 1941 Nr. 372)

Zu § 9 Absatz 3

Öffentlich-rechtliche Zweckverbände — gleich wie sie zusammengesetzt sind — zählen zu den Gemeindeverbänden im Sinne des § 9 Absatz 3 KStG.

(RFH.-Urteil vom 15. Dezember 1942, RStBl. 1943 Nr. 217)

§ 10

Bei Kapitalverwaltungsgesellschaften

(1) Für Kapitalverwaltungsgesellschaften kann der Reichsminister der Finanzen besondere Vorschriften erlassen.

(2) Kapitalverwaltungsgesellschaften im Sinne des Absatzes 1 sind Kapitalgesellschaften, die aus-

schließlich den Erwerb, die Verwaltung und die Veräußerung von Aktien, Kuxen, Anteilen oder Genußscheinen anderer Kapitalgesellschaften oder von Schuldverschreibungen zum Gegenstand haben.

Besondere Vorschriften sind nicht erlassen.

3. Abzugsfähige Ausgaben

§ 11

Bei Ermittlung des Einkommens sind die folgenden Beträge abzuziehen, soweit sie nicht bereits nach den Vorschriften des Einkommensteuergesetzes abzugsfähige Ausgaben sind

1. bei Kapitalgesellschaften
   die Kosten der Ausgabe von Aktien und sonstigen Gesellschaftsanteilen, soweit sie nicht aus dem Ausgabeaufgeld gedeckt werden können,
2. bei Versicherungsunternehmen
   Zuführungen zu versicherungstechnischen Rücklagen, soweit sie für die Leistungen aus den am Bilanzstichtag laufenden Versicherungsverträgen erforderlich sind,
3. bei Kommanditgesellschaften auf Aktien
   der Teil des Gewinns, der an persönlich haftende Gesellschafter auf ihre nicht auf das Grundkapital gemachten Einlagen oder als Vergütung (Tantieme) für die Geschäftsführung verteilt wird,
4. Vermögensvermehrungen, die dadurch entstehen, daß Schulden zum Zweck der Sanierung ganz oder teilweise erlassen werden.

Bei den im § 11 als abzugsfähig erklärten Ausgaben handelt es sich um solche Ausgaben, die nach den Bestimmungen des Einkommensteuerrechts an sich nicht abzugsfähig sein würden, deren Abzug aber expressis verbis im Körperschaftsteuergesetz zugelassen ist.

Im einzelnen handelt es sich um folgende Ausgaben:

1. Bei Kapitalgesellschaften dürfen die Aufwendungen für die Gründung und die Kapitalbeschaffung gemäß § 133 AktG. nicht als Aktivposten eingesetzt werden. Sofern sie nicht aus dem Agio gedeckt werden können, sind sie nach Handelsrecht im ersten Geschäftsjahr abzubuchen. Nach Steuerrecht sind die Kosten der Ausgabe von Aktien und sonstigen Gesellschaftsanteilen, ebenfalls soweit sie nicht aus dem Agio gedeckt werden können, bei Ermittlung des Gewinns abzugsfähig.
2. Bei Versicherungsunternehmen ist nach näherer Anweisung der Aufsichtsbehörde ein Deckungskapital auf versicherungsmathematischer Grundlage zu bilden für die am Bilanzstichtag laufenden speziellen Risiken. Bei solchen Beträgen handelt es sich um Posten, die dem Grunde, aber nicht der Höhe nach bestehen. Sie sind ebenfalls bei Ermittlung des Gewinns abzugsfähig.

In der Ersten KStDVO. ist zu § 11 Ziffer 2 folgendes bestimmt:

§ 23
Öffentlich-rechtliche Versicherungsanstalten

Öffentlich-rechtliche Versicherungsanstalten sind auch dann unbeschränkt steuerpflichtig, wenn sie mit Zwangs- oder Monopolrechten für ein Gebiet des Deutschen Reichs ausgestattet sind.

§ 24
Ermittlung des Einkommens

Bei der Ermittlung des Einkommens von Versicherungsunternehmen sind die Bestimmungen der §§ 25 bis 28 anzuwenden.

§ 25
Beitragsrückerstattung

(1) Für Beitragsrückerstattungen, die auf Grund des Geschäftsergebnisses gewährt werden, gilt das Folgende:

1. Beitragsrückerstattungen, die aus dem Lebensversicherungsgeschäft stammen, sind abzugsfähig.

2. *Beitragsrückerstattungen, die nicht aus dem Lebensversicherungsgeschäft stammen, sind nur insoweit abzugsfähig, als sie den Überschuß nicht übersteigen, der sich ergeben würde, wenn die auf das Wirtschaftsjahr entfallenden Versicherungsleistungen, Überträge und Rücklagen sowie die sämtlichen sonstigen persönlichen und sachlichen Betriebsausgaben allein aus der auf das Wirtschaftsjahr entfallenden Beitragseinnahme bestritten worden wären. Die Beitragsrückerstattung muß spätestens bei Genehmigung des Abschlusses des Wirtschaftsjahrs durch die satzungsmäßig zuständigen Organe mit der Maßgabe beschlossen werden, daß sie auf die binnen Jahresfrist nach der Beschlußfassung fällig werdenden Beiträge anzurechnen oder binnen Jahresfrist nach der Beschlußfassung bar auszuzahlen ist.*

(2) Zuführungen zu Rücklagen für Beitragsrückerstattungen sind nur insoweit abzugsfähig, als die ausschließliche Verwendung der Rücklagen für diesen Zweck durch Satzung oder durch geschäftsplanmäßige Erklärung gesichert ist.

§ 26

Lebensversicherung

(1) Bei Versicherungsunternehmen, die das Lebensversicherungsgeschäft allein oder neben anderen Versicherungszweigen betreiben, sind für das Lebensversicherungsgeschäft mindestens 5 v. H. des nach den Vorschriften des Einkommensteuergesetzes und des Körperschaftsteuergesetzes ermittelten Gewinns zu versteuern, von dem der bei dem Lebensversicherungsgeschäft für die Versicherten bestimmte Anteil noch nicht abgezogen ist. Satz 1 ist nur dann anzuwenden, wenn nicht nach § 17 des Gesetzes ein höheres Mindesteinkommen der Besteuerung zugrunde zu legen ist.

(2) Der Reichsminister der Finanzen kann den in Absatz 1 genannten Hundertsatz im Benehmen mit dem Reichswirtschaftsminister entsprechend der allgemeinen Entwicklung der Versicherungswirtschaft erhöhen oder ermäßigen.

§ 27

Versicherungstechnische Rücklagen

(1) Zuführungen zu versicherungstechnischen Rücklagen (§ 11 Ziffer 2 des Gesetzes) sind insoweit abzugsfähig, als es sich bei diesen Rücklagen um echte Schuldposten oder um Posten handelt, die der Rechnungsabgrenzung dienen. Hierbei dürfen die Rücklagen den Betrag nicht übersteigen, der zur Sicherstellung der Verpflichtungen aus den am Bilanzstichtag bestehenden Versicherungsverträgen erforderlich ist.

(2) Für die Abzugsfähigkeit der Zuführungen zu Rücklagen zum Ausgleich des schwankenden Jahresbedarfs sind insbesondere die folgenden Voraussetzungen erforderlich:

1. Es muß nach den Erfahrungen in dem betreffenden Versicherungszweig mit erheblichen Schwankungen des Jahresbedarfs zu rechnen sein.
2. Die Schwankungen des Jahresbedarfs dürfen nicht durch die Prämien ausgeglichen werden. Sie müssen aus den am Bilanzstichtag bestehenden Versicherungsverträgen herrühren und dürfen nicht durch Rückversicherungen gedeckt sein.

(3) Der Reichsminister der Finanzen kann im Benehmen mit dem Reichswirtschaftsminister Richtsätze über die steuerlich anzuerkennenden Zuführungen zu versicherungstechnischen Rücklagen aufstellen.

§ 28

Beschränkt steuerpflichtige Versicherungsunternehmen

(1) Bei beschränkt steuerpflichtigen Versicherungsunternehmen ist, wenn für das inländische Versicherungsgeschäft eine steuerlich einwandfreie gesonderte Ermittlung des Inlandseinkommens möglich ist, für die Berechnung des inländischen steuerpflichtigen Einkommens von dem technischen Ergebnis des inländischen Versicherungsgeschäfts auszugehen. Hinzuzurechnen ist der dem Inlandsgeschäft entsprechende Anteil an den Vermögenserträgen des Gesamtunternehmens. Abzuziehen ist der dem inländischen Versicherungsgeschäft entsprechende

Anteil an den Generalunkosten des Gesamtunternehmens, soweit sie nicht im technischen Ergebnis des inländischen Versicherungsgeschäfts enthalten sind.

(2) Wenn für das inländische Versicherungsgeschäft eine steuerlich einwandfreie gesonderte Ermittlung des Inlandseinkommens nicht möglich ist, so ist als inländisches steuerpflichtiges Einkommen der dem Verhältnis der inländischen Prämieneinnahme zur Gesamtprämieneinnahme entsprechende Teil des ausgewiesenen Gewinns des Gesamtunternehmens zugrunde zu legen.

(3) Dem nach den Absätzen 1 und 2 berechneten Betrag sind die nach dem Gesetz und dieser Verordnung nicht abzugsfähigen Ausgaben hinzuzurechnen.

(4) Das Mindesteinkommen, das nach § 17 des Gesetzes der Besteuerung zugrunde gelegt wird, kann bei beschränkt steuerpflichtigen Versicherungsunternehmen nach dem Verhältnis der inländischen Prämieneinnahme zu der Gesamtprämieneinnahme des ganzen Unternehmens errechnet werden.

3. Bei Aktienkommanditgesellschaften erhalten die persönlich haftenden Gesellschafter im allgemeinen eine Tantieme für ihre Geschäftsführung und einen Gewinnanteil auf ihre nicht in Aktien bestehende Vermögenseinlage. Diese Beträge mindern den steuerpflichtigen Gewinn.

4. Bei Sanierungen, die gewöhnlich im Vergleichsverfahren stattfinden, erlassen die Gläubiger dem schuldnerischen Unternehmen einen mehr oder weniger großen Teil ihrer Forderungen, um das Unternehmen wieder lebensfähig zu machen. Die dadurch entstandenen Sanierungsgewinne sind steuerfrei.

5. Durch das Gesetz zur Änderung des Einkommensteuergesetzes vom 1. Februar 1938 ist die Vorschrift über den Verlustabzug wieder eingeführt worden. Sie ist aufgeführt in § 10 Absatz 1 Ziffer 4 EStG. und gilt auch für Körperschaften.

Hinsichtlich des Verlustabzuges bestimmt der Rderl. vom 8. März 1939 folgendes:

Allgemeine Bestimmungen

(1) Die Vorschrift des § 10 Absatz 1 Ziffer 4 EStG. 1938 ist § 51 Absatz 1 EStG. 1938 gemäß erstmals bei

der Veranlagung für das Kalenderjahr 1938 anzuwenden. Sie gilt nur bei buchführenden Land- und Forstwirten und bei Gewerbetreibenden, die Bücher nach den Vorschriften des Handelsgesetzbuchs führen. Es ist gleichgültig, ob die Bücher auf Grund gesetzlicher Verpflichtung oder freiwillig geführt werden. Die Vorschrift gilt nur bei unbeschränkter Steuerpflicht.

(2) Für den Verlustabzug kommen nur Verluste in Betracht, die bei den Einkunftsarten des § 2 Absatz 3 Ziffern 1 und 2 EStG. (Einkünfte aus Land- und Forstwirtschaft und Einkünfte aus Gewerbebetrieb) entstanden sind. Die Verluste sind nach den Vorschriften der §§ 4 bis 7 EStG., d. h. nach den Vorschriften über die Gewinnermittlung, zu ermitteln. Vorgänge innerhalb des Betriebs, die den Gewinn nicht beeinflussen dürfen, bleiben demgemäß auch bei der Ermittlung des Verlustes unberücksichtigt. Zu diesen Vorgängen gehören z. B. Entnahmen und Einlagen, die Zahlung und Erstattung von Personensteuern. Vermögensmehrungen, die dadurch entstehen, daß Schulden zum Zweck der Sanierung ganz oder teilweise erlassen werden (Sanierungsgewinne), sind nach ständiger Rechtsprechung des Reichsfinanzhofs Vorgänge außerhalb des Betriebs. Sie beseitigen jedoch Verluste, die innerhalb des Betriebs entstanden sind.

(3) Die Verluste müssen in den beiden Wirtschaftsjahren entstanden sein, die dem Kalenderjahr vorangehen, dessen Einkommen zu veranlagen ist. Zu den Wirtschaftsjahren gehören auch Rumpfwirtschaftsjahre. Hat z. B. ein Steuerpflichtiger, der bisher regelmäßig Abschlüsse für die Zeit vom 1. April bis 31. März machte, im Kalenderjahr 1938 sein Wirtschaftsjahr auf das Kalenderjahr umgestellt und deshab ein Rumpfwirtschaftsjahr vom 1. April bis zum 31. Dezember 1938 eingefügt, so sind das Wirtschaftsjahr vom 1. April 1937 bis 31. März 1938 und das Rumpfwirtschaftsjahr vom 1. April 1938 bis zum 31. Dezember 1938 die beiden dem Kalenderjahr 1939 vorangegangenen Wirtschaftsjahre.

(4) Die Anwendung der Vorschrift des § 10 Absatz 1 Ziffer 6 EStG. 1938 bei der Veranlagung für 1938 ergibt sich aus dem folgenden Beispiel:

Im Kalenderjahr 1937 betrugen:	
der Verlust aus Gewerbebetrieb	*20 000 RM,*
der Überschuß der Einnahmen aus Vermietung und Verpachtung	*5 000 RM,*
die Sonderausgaben im Sinn des § 10 Absatz 1 Ziffern 1 bis 5 EStG. 1938 .	*1 000 RM,*
das Einkommen (Verlust)	*16 000 RM.*
Der in den beiden folgenden Jahren abzugsfähige Verlust beträgt aber nur (20 000 — 5 000 =)	*15 000 RM.*
Im Kalenderjahr 1938 betragen:	
der Gewinn aus Gewerbebetrieb	*5 000 RM,*
der Überschuß der Einnahmen aus Vermietung und Verpachtung	*6 000 RM,*
der Gesamtbetrag der Einkünfte	*11 000 RM.*
Davon sind zunächst abzuziehen die Sonderausgaben im Sinne des § 10 Absatz 1 Ziffern 1 bis 5 EStG. 1938	*1 000 RM,*
und sodann von dem abzugsfähigen Verlust aus 1937 gemäß § 10 Absatz 1 Ziffer 6 EStG. 1938	*10 000 RM,*
mithin steuerpflichtiges Einkommen 1938 . .	*0 RM.*

Von dem abzugsfähigen Verlust aus 1937 in Höhe von 15 000 RM bleiben für 1939 abzugsfähig 5000 RM.

(5) Verluste aus Land- und Forstwirtschaft dürfen § 13 Absatz 3 letzter Satz EStG. 1938 gemäß nur ausgeglichen oder abgezogen werden, wenn sie 1000 RM übersteigen. Für die Abzugsfähigkeit kommt es darauf an, ob der ursprünglich entstandene und abzugsfähige Verlust 1000 RM überstiegen hat.

Beispiel:

Der bei der Veranlagung für das Kalenderjahr 1937 festgestellte nicht ausgeglichene Verlust aus Land- und Forstwirtschaft betrug 2000 RM. Bei der Veranlagung für das Kalenderjahr 1938 werden davon 1200 RM § 10 Absatz 1 Ziffer 6 EStG. 1938 gemäß abgezogen. Die verbleibenden 800 RM sind im Kalenderjahr 1939 abzugsfähig.

Besonderheiten bei der Körperschaftsteuer

(1) Bei der Ermittlung des Verlusts im Jahr der Entstehung sind außer den Vorschriften der §§ 4 bis 7 EStG. auch die Vorschriften des KStG. anzuwenden, soweit das dem Sinn der Vorschrift des § 10 Absatz 1 Ziffer 6 EStG. entspricht.

(2) Bei der Errechnung des abzugsfähigen Verlustes ist der Verlust nach der Steuerbilanz zu erhöhen um die nach § 11 Ziffern 1 bis 3 KStG. abzugsfähigen Ausgaben und zu vermindern um die nach § 12 Ziffern 1, 2 und 4 KStG. nicht abzugsfähigen Ausgaben und um die verdeckten Gewinnausschüttungen.

(3) Bei der Ermittlung des abzugsfähigen Verlusts sind dagegen nicht anzuwenden die Vorschriften

des § 9 KStG. über den Abzug von Schachtelgewinnen,
des § 11 Ziffer 4 KStG. über den Abzug von Sanierungsgewinnen und
des § 12 Ziffer 3 KStG. über die Nichtabzugsfähigkeit von Aufsichtsratsvergütungen.

Dazu ist das Folgende zu bemerken:

a) Schachtelgewinne bleiben § 9 KStG. gemäß bei der Berechnung des Einkommens außer Ansatz. Sie begründen aber keinen Verlust. Der Zweck des Verlustabzuges geht nicht dahin, daß sich die steuerliche Begünstigung von Einnahmen noch in den Jahren nach ihrer Vereinnahmung auswirken soll. Schachtelgewinne dürfen daher den abzugsfähigen Verlust nicht erhöhen.

Beispiel:

Der Verlust nach der Steuerbilanz beträgt	*12 000 RM,*
er ist zu kürzen um 3000 RM Personensteuern und um 1000 RM Spenden, also um	*4 000 RM*
	8 000 RM.
Der steuerliche Verlust erhöht sich um die Schachtelgewinne	*6 000 RM*
auf	*14 000 RM.*
Der abzugsfähige Verlust beträgt nur (12 000 RM — 4000 RM ±)	*8 000 RM.*

b) Sanierungsgewinne, die durch Erlaß von Schulden entstehen, sind § 11 Ziffer 4 KStG. gemäß vom Einkommen abzugsfähig. Soweit ein Sanierungsgewinn herbeigeführt wird, beseitigt er den Verlust. Beseitigte Verluste können nicht mehr vorgetragen werden.

Beispiel:

Der Gewinn nach der Steuerbilanz beträgt	*2 000 RM,*
er erhöht sich um die Personensteuern (5000 RM) und um die Spenden (1000 RM)	*6 000 RM*
auf	*8 000 RM;*
er vermindert sich um den Sanierungsgewinn	*25 000 RM.*
Der steuerliche Verlust beträgt	*17 000 RM.*
Ein abzugsfähiger Verlust entsteht nicht, weil der steuerliche Verlust durch den Sanierungsgewinn voll ausgeglichen worden ist.	

Das gilt auch dann, wenn eine Körperschaft nicht in dem Jahr saniert wird, in dem der Verlust entstanden ist, sondern in einem späteren Gewinnjahr. Die Steuerpflichtige würde sonst einen doppelten Vorteil dadurch haben, daß nicht nur der Sanierungsgewinn vom Einkommen des Gewinnjahrs abgezogen werden darf, sondern daß auch der durch die Sanierung beseitigte Verlust abzugsfähig bleibt.

Beispiel:

Der steuerliche Verlust des Jahres 1937 beträgt:	
Verlust nach der Steuerbilanz	*115 000 RM,*
vermindert um die Personensteuern (7000 RM) und um die Spenden (1000 RM)	*8 000 RM*
	107 000 RM,
Das steuerpflichtige Einkommen des Jahres 1938 beträgt vor Abzug des Verlustes aus 1937:	

Gewinn nach der Steuerbilanz . . .	122 000 RM,
erhöht um die Personensteuern (4000 RM) und um die Spenden (2000 RM)	6 000 RM,
	128 000 RM
und vermindert um den Sanierungsgewinn	80 000 RM
	48 000 RM.

Der abzugsfähige Verlust errechnet sich wie folgt:

Verlust nach der Steuerbilanz des Jahres 1937	115 000 RM,
vermindert um die Personensteuern (7000 RM) und um die Spenden (1000 RM)	8 000 RM
	107 000 RM,
und vermindert um den Sanierungsgewinn des Jahres 1938	80 000 RM
	27 000 RM.
Einkommen 1938 vor Abzug des abzugsfähigen Verlusts	48 000 RM,
abzugsfähiger Verlust	27 000 RM,
steuerpflichtiges Einkommen 1938 . .	21 000 RM.

c) Aufsichtsratsvergütungen sind § 12 Ziffer 3 KStG. gemäß bei der Ermittlung des Einkommens nicht abzugsfähig. Sie würden also den abzugsfähigen Verlust vermindern. Aufsichtsratsvergütungen unterliegen aber nach § 17 Absatz 1 Ziffer 2 KStG. in Verlustjahren der Mindestbesteuerung. Damit sie nicht doppelt erfaßt werden, sind sie bei Ermittlung des abzugsfähigen Verlusts nicht vom Bilanzverlust abzuziehen.

Beispiel:

Der Verlust nach der Steuerbilanz 1937 beträgt	30 000 RM,
davon sind abzuziehen die Personensteuern (8000 RM) die Aufsichtsrats-	

vergütungen (3000 RM) und die Spenden (1000 RM), zusammen	*12 000 RM.*
Der steuerliche Verlust beträgt	*18 000 RM.*
Der abzugsfähige Verlust ist wie folgt zu ermitteln:	
Verlust nach der Steuerbilanz	*30 000 RM,*
vermindert um die Personensteuern (8000 RM) und die Spenden (1000 RM)	*9 000 RM*
	21 000 RM.

Aus der Rechtsprechung des RFH.

Zu § 11 Ziffer 2 KStG.

Sterbekassen unterliegen als Lebensversicherungsunternehmen der Mindestbesteuerung des § 26 der Ersten KStDV.

(RFH.-Urteil vom 20. April 1943 I 88/43, RStBl. 1943 Nr. 555)

Unter besonderen Voraussetzungen können abzugsfähige versicherungstechnische Rücklagen gebildet werden, auch wenn kein Rechtsanspruch auf die Versicherungsleistung besteht.

(RFH.-Urteil vom 1. Juni 1943 I 29/42, RStBl. 1943 Nr. 644)

Zuweisungen an Rücklagen für Beitragsrückerstattungen an die Versicherten sind in der Regel abzugsfähig, auch wenn die Rücklage nach der Satzung zur Erhöhung der Versicherungsleistungen verwendet werden darf.

(RFH.-Urteil vom 23. März 1943 I 145/42, RStBl. 1943 Nr. 666)

Zur Frage der Rücklagen von Versicherungsunternehmen.

(RFH.-Urteil vom 12. November 1940 I 282/40, RStBl. 1941 Nr. 85)

Für die Ermittlung des Überschusses aus dem Versicherungsgeschäft im Sinne des § 25 Absatz 1 Ziffer 2 der Ersten KStDV. gehören zu den Betriebsausgaben auch die Zuweisungen zu den Pensionskassen. Sie sind nach dem Verhältnis der Einnahmen auf das Versicherungsgeschäft und die sonstigen Einkünfte zu verteilen.

(RFH.-Urteil vom 11. Februar 1941 I 241/40, RStBl. 1941 Nr. 192)

Hat ein Krankenversicherungsunternehmen in der Bilanz keine besondere Rücklage für das Ansteigen des Wagnisses gebildet, das infolge Älterwerdens der Mitglieder bei Gleichbleiben der Beträge und Unkündbarkeit der Verträge entsteht, so ist eine Zuweisung zu einer Rücklage im Sinne des § 37 VersAufsG. nicht steuerbegünstigt.

Für die steuerliche Anerkennung der Rücklagen im Sinne des § 11 Ziffer 2 KStG., § 27 Erste KStDV. genügt die versicherungsmathematische Nachprüfbarkeit der richtig bezeichneten Rücklage.

(RFH.-Urteil vom 12. November 1940 I 135/40, RStBl. 1941 Nr. 476)

Eine Rückstellung zum Ausgleich des schwankenden Jahresbedarfs kann auch bei einer Schlachtviehversicherung steuerlich anerkannt werden.

(RFH.-Urteil vom 28. November 1939 I 135/39, RStBl. 1940 Nr. 99)

Anders wie bei der Ermittlung des körperschaftsteuerpflichtigen Gewinns sind bei Anwendung des § 25 Absatz 1 Ziffer 2 der Ersten KStDVO zur Berechnung des versicherungstechnischen Überschusses die hierauf entfallende Personensteuer als Betriebsausgaben abzuziehen.

(RFH.-Urteil vom 9. Januar 1940 I 71/39, RStBl. 1940 Nr. 296)

Zuführungen zu Rücklagen für Beitragsrückerstattungen aus dem Sachversicherungsgeschäft sind bei der Ermittlung des Einkommens nur insoweit abzugsfähig, als sie den nach § 25 Absatz 1 Ziffer 2 der Ersten KStDV. berechneten technischen Betriebsüberschuß nicht übersteigen.

(RFH.-Urteil vom 12. Dezember 1939 I 365/38, RStBl. 1940 Nr. 324)

Auffüllung des Gründungstocks eines Versicherungsvereins aus dem Gewinn darf nicht steuerfrei erfolgen.

(RFH.-Urteil vom 11. Oktober 1938 I 442/37, RStBl. 1939 Nr. 45)

Unter den Prämien, die nach § 27 Absatz 2 Ziffer 2 Satz 1 der Ersten KStDV. für einen Ausgleich der Schwankungen des Jahresbedarfs in Betracht kommen, sind nicht die vollen, sondern die um die Betriebsausgaben gekürzten Prämien zu verstehen.

(RFH.-Urteil vom 25. Oktober 1938 I 362/37, RStBl. 1939 Nr. 174)

Werden die Beiträge eines Versicherungsvereins im Umlageverfahren erhoben, so können die Zuführungen an eine Rücklage zum Ausgleich des schwankenden Jahresbedarfs nicht abgezogen werden.

(RFH.-Urteil vom 15. Januar 1939 I 409/38, RStBl. 1939 Nr. 328)

Zuführungen zu einer Rücklage, die sowohl zur Deckung eines außergewöhnlichen Verlustes aus dem Geschäftsbetrieb wie zum Ausgleich des schwankenden Jahresbedarfs gebildet ist, dürfen bei der Einkommensermittlung von Versicherungsunternehmen in der Regel nicht abgezogen werden.

(RFH.-Urteil vom 21. Februar 1939 I 119/38, RStBl. 1939 Nr. 493)
(siehe auch RFH.-Urteil vom 10. Januar 1939 I 137/38, RStBl. 1939 Nr. 555)

Körperschaftsteuerpflicht von Versicherungsunternehmen (steuerliche Behandlung von Provisionsvorschüssen, Beitragsrückständen und Rücklagen für Abschlußkosten).

(RFH.-Urteil vom 4. April 1939 I 388/37, RStBl. 1939 Nr. 887)

Zu § 11 Ziffer 4 KStG.

Bei der Beurteilung der Frage, ob die Voraussetzung für die Anerkennung eines steuerfreien Sanierungsgewinns gegeben sind, dürfen die Erfordernisse der Sanierungsabsicht des Gläubigers und der Sanierungsbedürftigkeit des Schuldners nicht zu eng ausgelegt werden. Der Sanierungszweck ist zu bejahen, wenn beim Gläubigerverzicht auch der Beweggrund maßgebend (mitentscheidend) mitgewirkt hat, den Fortbestand des sanierungsbedürftigen schuldnerischen Unternehmens zu ermöglichen.

(RFH.-Urteil vom 7. April 1943 VI 300 und 308/42 RStBl. 1943 Nr. 410)

Durch Einlagen der Gesellschafter wird ein vortragsfähiger Verlust nicht beseitigt.

(RFH.-Urteil vom 22. Juni 1943 I 204/42, RStBl. 1943 Nr. 561)

Der Senat schließt sich der Entscheidung VI 95/38 vom 23. März 1938 (RStBl. 1938 S. 566) an, daß bei Feststellung der Sanierungsbedürftigkeit von dem inneren Wert des Betriebsvermögens und von der Gesamtleistungsfähigkeit des schuldnerischen Unternehmens zur Zeit der Sanierung auszugehen ist.

(RFH.-Urteil vom 14. Juli 1942 I 240/41, RStBl. 1942 Nr. 812)

Wird im Zusammenhang mit einer Sanierung eine Währungsschuld erlassen, so ist der dabei verwirklichte Abwertungsgewinn kein Sanierungsgewinn.

(RFH.-Urteil vom 23. Januar 1940 I 300/39, RStBl. 1940 Nr. 391)

Zu § 25 der Ersten KStDV.

Beitragsrückerstattungen aus versteuerten Rücklagen fallen nicht unter die Vorschrift des § 25 Absatz 1 Ziffer 2 der Ersten KStDV.

(RFH.-Urteil vom 20. Juli 1943 I 97/43, RStBl. 1943 Nr. 667)

Beitragsrückerstattungen, die von einer Versicherungsanstalt nach ihren Satzungen und Versicherungsbedingungen den Mitgliedern ohne Rücksicht auf das Geschäftsergebnis gewährt werden müssen, fallen nicht unter die Vorschrift des § 25 der Ersten KStDV.

(RFH.-Urteil vom 21. Mai 1940 I 112/39, RStBl. 1940 Nr. 648)

Zu § 26 der Ersten KStDV.

Bei Ermittlung des Gewinns aus dem Lebensversicherungsgeschäft nach § 26 der Ersten KStDV. sind die Ergebnisse einer Vermittlungstätigkeit für andere Versicherungszweige auszusondern.

(RFH.-Urteil vom 28. Januar 1941 I 15/41, RStBl. 1941 Nr. 371)

Zu § 28 Absatz 1 der Ersten KStDV.

Bei einem beschränkt steuerpflichtigen Versicherungsunternehmen ist der dem technischen Ergebnis des inländischen Versicherungsgeschäfts hinzuzurechnende Anteil an den Vermögenserträgnissen des Gesamtunternehmens nach dem Verhältnis der inländischen Prämieneinnahmen zu den Gesamtprämieneinnahmen zu ermitteln. Die unter der Herrschaft des Körperschaftsteuergesetzes 1925 ausgebildete Rechtsprechung, wonach mindestens ein Ertrag des inländischen Sicherheitsstocks dem technischen Ergebnis hinzugerechnet werden kann, ist durch die Bestimmung des § 28 der Ersten KStDV. 1934 überholt.

(RFH.-Urteil vom 2. April 1940 I 302/39, RStBl. 1940 Nr. 487)

4. Nichtabzugsfähige Ausgaben

§ 12

Nichtabzugsfähig sind:

1. die Aufwendungen für die Erfüllung von Zwecken des Steuerpflichtigen, die durch Stiftung, Satzung oder sonstige Verfassung vorgeschrieben sind,
2. die Steuern vom Einkommen,
3. die Vergütungen jeder Art, die an Mitglieder des Aufsichtsrats, Verwaltungsrats, Grubenvorstands oder andere mit der Überwachung der

Geschäftsführung beauftragte Personen gewährt werden,

4. die Ausgaben zu gemeinnützigen, mildtätigen, kirchlichen und ähnlichen Zwecken.

§ 12 regelt die bei der Ermittlung der Körperschaftssteuer nicht abzugsfähigen Ausgaben Diese Bestimmungen gehen als lex spezialis den allgemeinen steuerlichen Vorschriften über nichtabzugsf¨hige Ausgaben vor und treten daher insbesondere an die Stelle der Vorschriften des § 12 EStG. über nichtabzugsfähige Ausgaben.

Durch das Gesetz Nr. 12 des Alliierten Kontrollrates ist § 10 des EStG. dahingehend geändert worden, daß auch die bezahlte Vermögensteuer als Sonderausgabe abzugsfahig ist. Ziffer 2 des § 12 in der Fassung vom 16. Oktober 1939 hat die Vermögensteuer als nichtabzugsfähige Ausgabe bezeichnet. Durch die Neuregelung des Gesetzes Nr 12 muß aber auch die Vermögensteuer der Körperschaften, soweit sie bezahlt ist, im Interesse der steuerlichen Gerechtigkeit als abzugsfahige Ausgabe anerkannt werden, wenn dies auch nicht ausdrücklich im Gesetz Nr. 12 bestimmt ist.

Als nichtabzugsfahige Steuer vom Einkommen kommt die Kórperschaftsteuer und die Kapitalertragsteuer in Frage, soweit diese von den Einkünften aus Kapitalvermögen entrichtet wurde, welche der Körperschaft zugeflossen sind.

Die Nichtabzugsfähigkeit der Aufsichtsratsvergütungen beschränkt sich auf solche Vergütungen, die für eine Überwachungstätigkeit irgendwelcher Art gezahlt worden sind. Vergütungen für Tatigkeiten im Interesse der Körperschaft, die über die Überwachungstätigkeit hinausgehen, sind abzugsfähig.

Die nichtabzugsfähigen Ausgaben sind dem körperschaftsteuerpflichtigen Gewinn außerhalb der Bilanz wieder hinzuzusetzen.

Durch Artikel VIII des Gesetzes Nr. 12 ist bestimmt worden, daß der Errechnung der Steuerschuld für juristische Personen für die verflossenen Jahre keine Gutschriften und keine Ermäßigungen für aus folgenden Ursachen entstandene Verluste zu gewähren sind:

a) Wehrmachtaufträge,
b) öffentliche Schuld,
c) durch den Krieg verursachte Zerstörungen oder Beschadigungen,
d) Steuergutscheine

Der Wortlaut des Artikels VIII deckt sich im wesentlichen mit den Richtlinien der britischen Militärregierung über die Bewertung von Reichsschulden für Zwecke der Besteuerung vom November 1945, erstreckt sich aber darüber hinaus auf alle Schulden der öffentlichen Hand.

Aus der Rechtsprechung des RFH.

Zu § 12 Ziffer 1 KStG.

Verzichtet eine Stiftung bei Gewährung eines Darlehens an den Stiftungsberechtigten auf die üblichen Zinsen, so kann in dem Verzicht eine Verwendung von Einkommen insoweit erblickt werden, als die tatsächlich gezahlten Zinsen hinter den üblichen Zinsen zurückbleiben.

(RFH.-Urteil vom 9. Februar 1943 I 4/43, RStBl. 1943 Nr. 218)

Zur Frage, ob Aufwendungen einer Bezirksabgabestelle für Zwecke der Samenzucht und der Schädlingsbekämpfung abzugsfähige Ausgaben sind.

(RFH.-Urteil vom 16. Juni 1942 I 44/42, RStBl. 1942 Nr. 799)

Eine Stiftung, deren Zweck die Unterhaltung des von einer anderen Stiftung errichteten und betriebenen Altersheims ist, kann Aufwendungen zur Abdeckung des bei diesem Altersheim entstandenen Verlustes bei der steuerlichen Ermittlung ihres Einkommens nicht abziehen.

(RFH.-Urteil vom 27. Juni 1939 I 5/39, RStBl. 1939 Nr. 1229)

Zu § 12 Ziffer 2 KStG.

Eine ausländische Steuer ist als Sachsteuer bei der Ermittlung des steuerpflichtigen Einkommens abzuziehen, wenn sie mit einer deutschen Real- (Sach-) Steuer die meiste Ähnlichkeit besitzt. Ähnelt eine ausländische Steuer am meisten der deutschen Einkommen- (Körperschaft-) Steuer- oder Vermögensteuer, so ist sie als Personensteuer nicht abzugsfähig.

Zu § 12 Ziffer 4 KStG.

Beiträge der Kreditgenossenschaften zum kreditgenossenschaftlichen Garantiefonds des deutschen Genossenschaftsverbandes stellen sich als Betriebsausgaben dar.

(RFH.-Urteil vom 30. September 1941 I 158/41, RStBl. Nr. 865)

5. Anteilige Abzüge

§ 13

Ist das Einkommen nur zu einem Teil steuerpflichtig, so dürfen Ausgaben nur insoweit abgezogen werden, als sie mit steuerpflichtigen Einkünften in unmittelbarem wirtschaftlichem Zusammenhang stehen. Besteht das Einkommen nur aus Einkünften, von denen ein Steuerabzug zu erheben ist (§ 2 Ziffer 2), so ist ein Abzug von Ausgaben nicht zulässig.

In den Fällen, in denen die Körperschaft nicht mit ihrem gesamten Einkommen steuerpflichtig ist, sondern nur mit einem Teil desselben, dürfen auch die Ausgaben nur insoweit abgezogen werden, als sie mit steuerpflichtigen Einkünften in unmittelbarem wirtschaftlichem Zusammenhang stehen Unterliegt die Körperschaft nur dem Kapitalertragsteuerabzug, so dürfen Ausgaben überhaupt nicht abgesetzt werden

6. Auflösung und Abwicklung (Liquidation)

§ 14

(1) Wird eine Kapitalgesellschaft, die ihre Auflösung beschlossen hat, abgewickelt, so ist der im Zeitraum der Abwicklung erzielte Gewinn der Besteuerung zugrunde zu legen. Der Besteuerungszeitraum soll drei Jahre nicht übersteigen.

(2) Zur Ermittlung des Gewinns im Sinne des Absatzes 1 ist das zur Verteilung kommende Vermögen (Abwicklungs-Endvermögen) dem Vermögen am Schluß des der Auflösung vorangegangenen Wirtschaftsjahrs (Abwicklungs-Anfangsvermögen) gegenüberzustellen.

(3) Von dem Abwicklungs-Endvermögen sind die steuerfreien Vermögenszugänge abzuziehen, die dem Steuerpflichtigen in dem Abwicklungszeitraum zugeflossen sind.

(4) Abwicklungs-Anfangsvermögen ist das Betriebsvermögen, das am Schluß des vorangegangenen Wirtschaftsjahrs der Veranlagung zur Körperschaftsteuer zugrunde lag. Hat der letzten Veranlagung ein Wert des Betriebsvermögens nicht zugrunde gelegen, so tritt an seine Stelle der Betrag des eingezahlten Grund- oder Stammkapitals oder, wenn ein solches nicht vorhanden ist, die Summe der Einlagen oder der Anschaffungs- oder Herstellungspreis im Sinne des Einkommensteuergesetzes. Das Abwicklungs-Anfangsvermögen ist um den Gewinn des vorangegangenen Wirtschaftsjahrs zu kürzen, der im Abwicklungszeitraum ausgeschüttet worden ist.

(5) Auf die Gewinnermittlung sind im übrigen die sonst geltenden Vorschriften anzuwenden.

Für die Besteuerung der Liquidationserlöse von Kapitalgesellschaften gelten die Sondervorschriften des § 14.

Tritt eine Kapitalgesellschaft in Liquidation, sei es durch Beschluß ihrer Gesellschafter, sei es durch Eröffnung des Konkurses über ihr Vermögen, sei es aus einem anderen Auflösungsgrunde, so werden regelmäßige Steuerveranlagungen nicht mehr vorgenommen. An deren Stelle tritt eine

Veranlagung, die sich über den gesamten Abwicklungszeitraum erstreckt, jedoch mit der Einschränkung, daß dieser Besteuerungszeitraum nicht länger als drei Jahre dauert. Der Abwicklungszeitraum beginnt mit dem Beginn des Wirtschaftsjahres, in dem die Liquidation beschlossen oder verfügt wird. Er endet mit dem Zeitpunkt, in dem die Abwicklung beendet ist. Dieser ganze Zeitraum, der Besteuerungszeitraum, wird einer einheitlichen Veranlagung unterworfen, es sei denn, daß die Abwicklung sich länger als drei Jahre hinzieht. In diesem letzteren Falle wird der Abwicklungsgewinn, der bis dahin erzielt wurde, der Besteuerung unterworfen, und von dann ab bis zur Beendigung der Abwicklung werden wieder jährliche Veranlagungen vorgenommen.

Um den Abwicklungsgewinn ermitteln zu können, wird das Abwicklungs-Endvermögen dem Abwicklungs-Anfangsvermögen gegenübergestellt; der Differenzbetrag ist steuerpflichtig. Abwicklungs-Endvermögen ist das gesamte Vermögen, welches während und am Ende der Liquidation zur Verteilung gelangt ist, einschließlich der nicht zur Verteilung gelangten Wirtschaftsgüter. Von diesem Abwicklungs-Endvermögen sind jedoch die steuerfreien Vermögenszugänge abzuziehen, die der Kapitalgesellschaft in dem Abwicklungszeitraum zugeflossen sind. Abwicklungs-Anfangsvermögen ist das Betriebsvermögen, welches am Schlusse desjenigen Wirtschaftsjahrs der Veranlagung zur Körperschaftsteuer zugrunde gelegen hat, welches dem Beginn der Liquidation unmittelbar voranging. Hat dieser letzten Veranlagung ein Wert des Betriebsvermögens nicht zugrunde gelegen, so tritt an seine Stelle der Betrag des eingezahlten Grund- oder Stammkapitals oder in Ermangelung eines solchen die Summe der Einlagen oder der Anschaffungs- oder Herstellungspreis im Sinne des EStG. Das Abwicklungs-Anfangsvermögen ist jedoch um die Beträge zu kürzen, die im Abwicklungszeitraum als Gewinn des vorangegangenen Wirtschaftsjahrs ausgeschüttet worden sind. Im übrigen werden auf die Gewinnermittlung die sonst geltenden Vorschriften angewandt.

Aus der Rechtsprechung des RFH.

Zu § 14 KStG.

Bei der nicht steuerbegünstigten Umwandlung einer Kapitalgesellschaft ist zur Ermittlung des steuerpflichtigen Umwandlungsgewinns die Summe der Teilwerte der auf die Personengesellschaft übertragenen Wirtschaftsgüter dem Betriebsvermögen gegenüberzustellen, das am

Schluß des der Umwandlung vorangegangenen Wirtschaftsjahrs der Veranlagung zur Körperschaftsteuer zugrunde gelegen hat. Bei der Ermittlung der Summe der Teilwerte ist auch ein selbstgeschaffener, nicht gesondert aktivierter Betriebsbestehenswert in Betracht zu ziehen.

Die Vorschriften des § 14 KStG. 1934 gelten auch für die Auflösung einer Kapitalgesellschaft durch Konkurs.

Wird der Betrieb einer Kapitalgesellschaft, über deren Vermögen das Konkursverfahren eröffnet ist, zunächst weitergeführt und erst später mit der Konkursabwicklung begonnen, so läuft der letzte Besteuerungszeitraum im Sinne des § 14 Absatz 1 Satz 1 KStG. 1934 vom Schluß des dem Beginn der Konkursabwicklung vorangegangenen Wirtschaftsjahrs bis zur Beendigung des Konkursverfahrens.

Der letzte Besteuerungszeitraum einer in Konkurs befindlichen Kapitalgesellschaft ist für die Anwendung der Vorschriften des § 14 KStG. 1934 schon dann als abgeschlossen anzusehen, wenn feststeht, daß die förmliche Beendigung des Konkursverfahrens nur dadurch gehindert wird, daß die Höhe der Steuern noch nicht bekannt ist, die erst nach Ablauf des Abwicklungszeitraums festgesetzt werden können.

(RFH.-Urteil vom 5. März 1940 I 44/40, RStBl. 1940 Nr. 609)

Erstreckt sich die Abwicklung (Liquidation) einer aufgelösten Kapitalgesellschaft über einen Zeitraum, für den verschiedene Steueransätze gelten, so ist die Körperschaftsteuer für den Abwicklungsgewinn nach dem Steuersatz zu bemessen, der für das Kalenderjahr gilt, in dem die Abwicklung endigt.

Maßgebender Zeitpunkt für die Ermittlung des gemeinen Werts, mit dem Wirtschaftsgüter, die im Laufe der Abwicklung (Liquidation) einer aufgelösten Kapitalgesellschaft an die Gesellschaft übertragen worden sind, in das Abwicklungs-Endvermögen einbezogen werden müssen (vgl. RFH. vom 10. Mai 1938, Bd. 44 S. 80, RStBl. 1938 S. 630), ist der Tag der Übertragung der einzelnen Wirtschaftsgüter.

Die Auflösung einer Kapitalgesellschaft mit nachfolgender Verteilung ihres Vermögens an die Gesellschafter im Wege der Liquidation kann steuerlich nicht als eine Umwandlung der Kapitalgesellschaft in eine Gesellschaft des bürgerlichen Rechts unter Ausschluß der Liquidation angesehen werden, und zwar auch nicht unter dem Gesichtspunkt, daß die steuerlichen Vorteile, die die Kapitalgesellschaft nach dem zur Zeit des Auflösungsbeschlusses geltenden Recht für sich erwarten konnte, durch eine Rechtsverordnung mit rückwirkender Kraft aufgehoben worden sind.

(RFH.-Urteil vom 17. Januar 1939 I 418/38, RStBl. 1939 Nr. 544)

7. Verschmelzung (Fusion) und Umwandlung

§ 15

(1) Geht das Vermögen einer Kapitalgesellschaft mit oder ohne Abwicklung (Liquidation) auf einen anderen über, so ist § 14 entsprechend anzuwenden. Für die Ermittlung des Gewinns tritt an die Stelle des zur Verteilung kommenden Vermögens der Wert der für die Übertragung des Vermögens gewährten Gegenleistung nach dem Stand im Zeitpunkt der Übertragung.

(2) Der beim Übergang sich ergebende Gewinn scheidet für die Besteuerung insoweit aus, als die folgenden Voraussetzungen erfüllt sind:

1. das Vermögen einer inländischen Kapitalgesellschaft muß als Ganzes auf eine andere inländische Kapitalgesellschaft gegen Gewährung von Gesellschaftsrechten der übernehmenden Gesellschaft übergehen,
2. es muß sichergestellt sein, daß dieser Gewinn später der Körperschaftsteuer unterliegt.

Wenn eine Kapitalgesellschaft im Wege einer Verschmelzung oder Umwandlung ihr Vermögen auf eine andere juristische oder physische Person überträgt, so sind die Vorschriften des § 14 entsprechend anzuwenden. Um den steuerpflichtigen Gewinn ermitteln zu können, wird an Stelle des Abwicklungs-Endvermögens der Wert der für die Übertragung des Vermögens gewährten Gegenleistung nach dem Stand im Zeitpunkt der Übertragung zugrunde gelegt. Steuerpflichtig ist die Kapitalgesellschaft, die verschmolzen oder umgewandelt wird.

Hiervon gibt es eine Ausnahme:

Wird das Vermögen einer inländischen Kapitalgesellschaft als Ganzes auf eine andere inländische Kapitalgesellschaft gegen Gewährung von Gesellschaftsrechten der übernehmenden Gesellschaft übertragen, so wird der Übertragungsgewinn zunächst nicht versteuert. Es muß aber sichergestellt sein, daß dieser Übertragungsgewinn später der Körperschaftsteuer unterliegt. Das ist der Fall, wenn die übernommenen Wirtschaftsgüter mit den bisherigen Buchwerten von der übernehmenden Gesellschaft bilanziert werden, so daß die stillen Reserven über kurz oder lang bei der übernehmenden Kapitalgesellschaft in Erscheinung treten.

Aus der Rechtsprechung des RFH.

Zu § 15 Absatz 1 KStG.

Nach § 8 Absatz 1 Satz 1, § 11 Absatz 2 der 2. UmwStDVO. sind die nicht in ein Betriebsvermögen übernommenen Wirtschaftsgüter einer aufgelösten Kapitalgesellschaft bei der Feststellung des für die Ermittlung des Auflösungsgewinns maßgebenden Endvermögens mit dem gemeinen Wert anzusetzen. Das gegenüberzustellende Anfangsvermögen bestimmt sich gemäß § 15 Absatz I Satz 1 mit § 14 Absatz 2, 4 Satz 1 KStG. 1934 nach den steuerlichen Buchwerten der übertragenen Wirtschaftsgüter in der letzten Erfolgsbilanz der aufgelösten Gesellschaft.

(RFH.-Urteil vom 11. Oktober 1938 I 301/38, RStBl. 1939 Nr 150)

Zu § 15 Absatz 2 KStG.

Wird bei einer Umwandlung durch Übertragung des Vermögens auf den Hauptgesellschafter nach § 8 der Dritten DV. zum UmwG. ein Teil der Gesellschafter der übertragenden Gesellschaft durch Barzahlungen abgefunden, so ist die Steuervergünstigung des § 15 Absatz 2 KStG. nur insoweit anwendbar, als der Umwandlungsgewinn auf die untergehenden Gesellschaftsrechte entfällt und die spätere Versteuerung dieses Gewinns sichergestellt ist.

(RFH.-Urteil vom 6. Juli 1943 I 134/42 RStBl. 1943 Nr. 769)

8. Verlegung der Geschäftsleitung ins Ausland

§ 16

(1) Verlegt eine unbeschränkt steuerpflichtige Kapitalgesellschaft ihre Geschäftsleitung und ihren Sitz oder eins von beiden ins Ausland und scheidet sie dadurch aus der unbeschränkten Steuerpflicht aus, so ist § 14 entsprechend anzuwenden. An die Stelle des zur Verteilung kommenden Vermögens tritt der gemeine Wert des vorhandenen Vermögens.

(2) Absatz 1 gilt entsprechend, wenn die inländische Betriebsstätte einer beschränkt steuerpflichtigen Kapitalgesellschaft aufgelöst oder ins Ausland verlegt oder ihr Vermögen als Ganzes an einen anderen übertragen wird.

Die Vorschriften des § 14 finden ebenfalls Anwendung, wenn eine unbeschränkt steuerpflichtige Kapitalgesellschaft ihre Geschäftsleitung und ihren Sitz oder eines von beiden ins Ausland verlegt. Dadurch scheidet sie aus der unbeschränkten Steuerpflicht aus und wird nur beschränkt steuerpflichtig. Der Gesetzgeber will in diesem Falle aber die stillen Reserven noch im Inland erfassen. An die Stelle des zur Verteilung kommenden Vermögens tritt der gemeine Wert des vorhandenen Vermögens.

Diese Vorschriften gelten entsprechend, wenn eine inländische Betriebsstätte einer beschränkt steuerpflichtigen Kapitalgesellschaft aufgelöst oder ins Ausland verlegt oder ihr Vermögen als Ganzes an einen anderen übertragen wird.

9. Mindestbesteuerung

§ 17

(1) Als Mindesteinkommen werden der Besteuerung zugrunde gelegt:

1. die Ausschüttungen (auch verdeckte Gewinnausschüttungen), soweit sie mehr als 4 v. H. des eingezahlten Grund- oder Stammkapitals oder, wenn ein solches nicht vorhanden ist, des bei der letzten Veranlagung zur Vermögensteuer festgestellten Vermögens betragen, ohne Rücksicht darauf, aus welchen Mitteln die Ausschüttungen stammen,
2. die Vergütungen jeder Art, die an Mitglieder des Aufsichtsrats, Verwaltungsrats, Grubenvorstands oder andere mit der Überwachung der Geschäftsführung beauftragte Personen gewährt werden,
3. die Vergütungen jeder Art, die an Mitglieder des Vorstands oder an andere Angestellte in leitender Stellung für ihre Tätigkeit gewährt werden, soweit die Vergütungen außer Verhältnis zu ihrer Arbeitsleistung stehen.

(2) Die Mindestbesteuerung ist nur dann vorzunehmen, wenn der Gesamtbetrag des Mindesteinkommens höher ist als das nach § 6 ermittelte Einkommen.

Die Mindestbesteuerung des Körperschaftsteuergesetzes entspricht der Verbrauchsbesteuerung des Einkommensteuergesetzes. Das Mindesteinkommen einer Körperschaft wird gewissermaßen als Maßstab für ihre steuerliche Leistungsfähigkeit angesehen.

Als Mindestbesteuerung werden der Besteuerung zugrunde gelegt:

1. die Ausschüttungen der Körperschaft, soweit sie 4 v. H. des eingezahlten Grund- oder Stammkapitals übersteigen. Wenn ein Grund- oder Stammkapital nicht vorhanden ist, gilt als Maßstab das bei der letzten Veranlagung zur Vermögensteuer festgestellte Vermögen. Zu den Ausschüttungen rechnen auch die verdeckten Gewinnausschüttungen. Aus welchen Mitteln die offenen oder verdeckten Gewinnausschüttungen genommen werden, ob aus offenen oder stillen Reserven früherer Jahre oder aus steuerfreien Einkünften, ist gleichgültig,
2. die Vergütungen jeder Art, die an Aufsichtsratsmitglieder oder andere mit der Überwachung der Geschäftsführung beauftragte Personen gewährt werden. Es handelt sich hierbei um dieselben Beträge, die gemäß § 12 Ziffer 3 bei der Ermittlung des steuerpflichtigen Einkommens nichtabzugsfähige Ausgaben darstellen,
3. die Vergütungen jeder Art, die an Vorstandsmitglieder oder leitende Angestellte gewährt werden, soweit sie außer Verhältnis zu ihrer Arbeitsleistung stehen. In der Praxis wird es jedoch schwer sein, die Grenze festzustellen, wo die im Verhältnis zur Arbeitsleistung angemessene Vergütung überschritten wird.

Über die zeitliche Zurechnung der Mindestbesteuerung bestimmt § 30 der Ersten KStDVO. folg ndes:

§ 30

Mindestbesteuerung

(1) Die Ausschüttungen und Vergütungen nach § 17 Absatz 1 des Gesetzes sind bei der Besteuerung als Mindesteinkommen dem Kalender- (Wirtschafts-) Jahr zuzurechnen, für das sie gewährt worden sind.

(2) Werden Vergütungen nach den vorgenannten Vorschriften rückwirkend für bereits abgelaufene Kalender- (Wirtschafts-) Jahre nachträglich gewährt, so sind sie für die Berechnung und für den Fall der Besteuerung als Mindesteinkommen dem Kalender- (Wirtschafts-) Jahr zuzurechnen, das der Beschlußfassung unmittelbar vorausgeht.

Die Mindestbesteuerung ist nur dann anzuwenden, wenn der Gesamtbetrag des Mindesteinkommens höher ist als das nach § 6 ermittelte Einkommen.

Bei Lebensversicherungsgesellschaften ist außerdem noch gemäß § 26 der Ersten KStDV eine weitere Art der Berechnung der Mindestbesteuerung vorgeschrieben.

Das Finanzamt muß die Besteuerungsart anwenden, welche das höchste Einkommen ergibt.

Die Mindestbesteuerung ist nicht vierteljährlich vorzunehmen, sondern bleibt der Jahresveranlagung vorbehalten.

Aus der Rechtsprechung des RFH.

Zu § 17 Ziffer 1 KStG.

Zu den Ausschüttungen, die als Mindesteinkommen nach § 17 Ziffer 1 KStG. zugrunde gelegt werden, gehört auch die unentgeltliche Ausgabe von Genußscheinen.

(RFH.-Urteil vom 30. September 1941 I 8/41, RStBl. 1942 Nr 287)

Der I. Senat schließt sich für das Gebiet der Körperschaftsteuer der Rechtsprechung des VI. Senats an (vgl. RFH. vom 17. Juli 1935, Bd. 38 S. 154, RStBl. 1935 S. 1447), wonach eine GmbH. bei einer Kapitalerhöhung neugeschaffene Geschäftsanteile nicht von vornherein selbst übernehmen kann und in einer entgegen diesem Grundsatz durchgeführten Kapitalerhöhung eine Gewinnausschüttung an die Gesellschafter enthalten ist. Diese Gewinnausschüttung unterliegt bei der Gesellschaft der Mindeststeuer nach § 17 Absatz 1 Ziffer 1 Absatz 2 KStG. 1934.

(RFH.-Urteil vom 18. Oktober 1938 I 86/38, RStBl. 1939 Nr. 173)

Zu § 17 Absatz 2 KStG.

Mindestbesteuerung und Verlustvortrag.

(RFH.-Urteil vom 15. November 1938 I 116/38, RStBl. 1939 Nr. 300)

Zu § 30 der Ersten KStDV.

Wenn anläßlich der Bilanzgenehmigung für ein Wirtschaftsjahr der Gewinnverwendungsbeschluß aus stichhaltigen Gründen vorbehalten wird und erst nach Ablauf des nächsten Wirtschaftsjahres gefaßt werden kann, kommt die Ausnahmebestimmung des § 30 Absatz 2 der Ersten KStDV. nicht zur Anwendung. In einem solchen Fall hat es bei der Grundregel des § 30 Absatz 1 zu verbleiben.

(RFH.-Urteil vom 20. Juli 1943 I 15/43, RStBl. 1943 Nr. 770)

III. Steuertarif

§ 18

Abrundung

Zur Berechnung der Körperschaftsteuer wird das Einkommen auf volle 10 Reichsmark nach unten abgerundet.

§ 19

Steuersätze

(1) Die Körperschaftsteuer beträgt 20 v. H. des Einkommens.

(2) Die Körperschaftsteuer beträgt 10 v. H. des Einkommens

1. bei Kreditanstalten des öffentlichen Rechts für Einkünfte aus dem langfristigen Kommunalkredit-, Realkredit- und Meliorationskreditgeschäft,
2. bei reinen Hypothekenbanken,

   bei gemischten Hypothekenbanken für die Einkünfte aus den im § 5 des Hypothekenbankgesetzes genannten Geschäften,

   bei Schiffspfandbriefbanken.

(3) Die Körperschaftsteuer für Einkünfte, die dem Steuerabzug unterliegen, ist durch den Steuerabzug abgegolten, wenn der Bezieher der Einkünfte nur beschränkt körperschaftsteuerpflichtig ist und die Einkünfte nicht in einem in-

ländischen gewerblichen, land- oder forstwirtschaftlichen Betrieb angefallen sind.

Durch Artikel IV des Gesetzes Nr. 12 der Alliierten Kontrollbehörde sind die Steuersätze erhöht worden.

Artikel IV hat folgenden Wortlaut:

Körperschaftsteuer — Erhöhung der Steuersätze

1. Die Sätze für die Körperschaftsteuer (§ 19 Absatz I des Körperschaftsteuergesetzes) sind die folgenden:
   a) bei Einkommen bis zu 50 000 RM 35 v. H.,
   b) bei Einkommen von 50 000 RM bis zu 100 000 RM 45 v. H.,
   c) bei Einkommen von 100 000 RM bis zu 500 000 RM 60 v. H.,
   d) bei Einkommen über 500 000 RM 65 v. H.
2. Zur Vermeidung von Unbilligkeiten in Grenzfällen wird die folgende Angleichung vorgesehen:
   wenn das Einkommen einer Körperschaft in eine der in den Absätzen b, c oder d der obigen Ziffer 1 angeführten Stufen fällt, soll der fällige Steuerbetrag nicht höher sein als
   a) die Steuer für das höchste Einkommen der nächstniedrigeren Steuerstufe mit einem Zuschlag von
   b) 90 v. H. des Unterschieds zwischen dem Gesamteinkommen und dem höchsten Einkommen der nächstniedrigeren Stufe.
3. Die praktische Anwendung dieser Bestimmungen ist aus Anlage C ersichtlich.

Anlage C

Änderung der Gesetzgebung in bezug auf Einkommensteuer, Körperschaftsteuer und Gewinnabführung
Tabelle zur Berechnung der Körperschaftsteuer

Einkommen	*Zu erhebender Steuerbetrag*
0— 50 000 RM	*35 v. H. des Gesamteinkommens,*
50 000— 61 110 RM	*17 500 RM und dazu 90 v. H. der 50 000 RM übersteigenden Summe,*
61 110—100 000 RM	*45 v. H. des Gesamteinkommens,*
100 000—150 000 RM	*45 000 RM und dazu 90 v. H. der 100 000 RM übersteigenden Summe,*
150 000—500 000 RM	*60 v. H. des Gesamteinkommens,*
500 000—600 000 RM	*300 000 RM und dazu 90 v. H. der 500 000 RM übersteigenden Summe,*
über 600 000 RM . .	*65 v. H. des Gesamteinkommens.*

Hierzu ist mit Zustimmung der Englischen Militärregierung eine Erste Ausführungsbestimmung vom 22. Februar 1946 ergangen, die zu Artikel IV folgendes bestimmt:

Zu Artikel IV (Körperschaftsteuer)

1. Zur Berechnung der Körperschaftsteuer wird das Einkommen auf volle 10 RM nach unten abgerundet (§ 18 KStG.).

2. Die Ziffern 1 und 2 geben den Rahmen der Tariferhöhung an. Der genaue Taif ergibt sich aus der Anlage C zum Änderungsgesetz. Danach ist die Körperschaftsteuer nunmehr mit folgenden Jahressätzen zu erheben:

Bei Einkommen
bis zu 50 000 RM
mit 35 v. H. des Jahreseinkommens,
über 50 000 RM bis 61 100 RM
mit 17 500 RM + 90 v. H. des 50 000 RM übersteigenden Jahreseinkommens,
über 61 100 RM bis 100 000 RM
mit 45 v. H. des Jahreseinkommens,

über 100 000 RM bis 150 000 RM
mit 45 000 RM + 90 v. H. des 100 000 RM übersteigenden Jahreseinkommens,
über 150 000 RM bis 500 000 RM
mit 60 v. H. des Jahreseinkommens,
über 500 000 RM bis 600 000 RM
mit 300 000 RM + 90 v. H. des 500 000 RM übersteigenden Jahreseinkommens,
über 600 000 RM mit 65 v. H. des Jahreseinkommens.

3. *Dementsprechend ist die Körperschaftsteuer vierteljährlich mit folgenden Sätzen zu erheben:*

Bei Vierteljahres-Einkommen
bis zu 12 500 RM
mit 35 v. H. des Vierteljahreseinkommens,
über 12 500 RM bis 15 280 RM
mit 4375 RM + 90 v. H. des 12 500 RM übersteigenden Vierteljahreseinkommens,
über 15 280 RM bis 25 000 RM
mit 45 v. H. des Vierteljahreseinkommens,
über 25 000 RM bis 37 500 RM
mit 11 250 RM + 90 v. H. des 25 000 RM übersteigenden Vierteljahreseinkommens,
über 37 500 RM bis 125 000 RM
mit 60 v. H. des Vierteljahreseinkommens,
über 125 000 RM bis 150 000 RM
mit 75 000 RM + 90 v. H. des 125 000 RM übersteigenden Vierteljahreseinkommens,
über 150 000 RM mit 65 v. H. des Vierteljahreseinkommens.

4. *Die vorstehenden Sätze ermäßigen sich bei den in § 19 Absatz 2 KStG. bezeichneten Körperschaften auf die Hälfte, bei Kreditgenossenschaften, die Kredite*

ausschließlich an ihre Mitglieder gewähren, auf ein Drittel (§ 4 VO. über die KSt. der Erwerbs- und Wirtschaftsgenossenschaften vom 8. Dezember 1939; RGBl. I S. 2391, RStBl. 1939 S. 1189).

5. *Die Bestimmungen über die Vereinfachung der Besteuerung der kleinen Körperschaften und ländlichen Kleinstgenossenschaften (KStErgRichtl. für 1940 Abschnitt 2 und 8) gelten weiter.*

In der Ersten KStDV. ist folgendes bestimmt:

§ 31

Steuersatz für Kreditanstalten

(1) Langfristige Kredite im Sinne des § 19 Absatz 2 Ziffer 1 des Gesetzes sind nur solche Kredite, die nicht binnen vier Jahren rückzahlbar sind.

(2) Kreditanstalten des öffentlichen Rechts, die sich auf die im § 5 des Hypothekenbankgesetzes genannten Geschäfte beschränken, sind wie reine Hypothekenbanken zu behandeln.

Aus der Rechtsprechung des RFH.

Zu § 19 Absatz 2 Ziffer 1 KStG.

Zur Ermittlung der Einkünfte aus dem langfristigen Realkreditgeschäft von Kreditanstalten des öffentlichen Rechts.

(RFH.-Urteil vom 6. Mai 1941 I 341/40, RStBl. 1941 Nr. 871)

Den in dem Gutachten vom 12. Januar 1932 (Bd. 30 S. 218, RStBl. 1932 S. 299) zu § 21 Nr. 3 Buchstabe e KStG. 1925 aufgestellten Grundsätzen, wonach unter Kommunalkreditgeschäft nicht nur die Kreditgewährung an Gemeinden und Gemeindeverbände, sondern auch die an andere öffentlich-rechtliche Körperschaften zu verstehen ist und demnach hierzu auch der Erwerb und die Veräußerung von Schuldverschreibungen des Reichs, der Länder, inländischer kommunaler Körperschaften usw. gehören, tritt der I. Senat auch für die Auslegung des § 19 Absatz 2 Ziffer 1 KStG. 1934 bei.

Der Erwerb und die Veräußerung von Schuldverschreibungen des Reichs und anderer öffentlich-rechtlicher Körperschaften zählen zu den langfristigen Kommunalkreditgeschäften im Sinne des § 19 Absatz 2 Ziffer 1 KStG. 1934, wenn die Laufzeit der einschlägigen Anleihen von vornherein auf mehr als 4 Jahre bemessen war.

(RFH.-Urteil vom 2. Juli 1940 I 4/40, RStBl. 1940 Nr. 860)

Zinsen aus Darlehen unterliegen dem ermäßigten Steuersatz nur dann, wenn bereits bei der Darlehnshingabe die Langfristigkeit im Sinne des § 31 Absatz 1 Erste KStDV. vereinbart ist.

(RFH.-Urteil vom 23. Juli 1940 I 174/40, RStBl. 1940 Nr. 861)

IV. Veranlagung und Entrichtung der Steuer

§ 20

Allgemeines

Auf die Veranlagung zur Körperschaftsteuer und auf die Entrichtung der Körperschaftsteuer sind entsprechend die Vorschriften anzuwenden, die für die Einkommensteuer gelten.

Hierzu hat der Kontrollrat im Artikel XVI des Gesetzes Nr. 12 folgendes verordnet:

Artikel XVI

Steuererklärung — Vorauszahlung

(Einkommensteuer und Körperschaftsteuer)

1. Vorauszahlungen auf die Einkommen- und die Körperschaftsteuer sind am 10. April, 10. Juli, 10. Oktober und 10. Januar zu entrichten. § 35 Absatz 1 des Einkommensteuergesetzes wird demgemäß geändert.

2. Die Grundlage für die Berechnung der Vorauszahlungen bildet für jedes Vierteljahr das Einkommen des vorhergehenden Vierteljahres. Die Bestimmungen des § 35 Absatz 2 des Einkommensteuergesetzes und des § 24 Absatz 1 der Einkommensteuer-Durchführungsverordnung (vom 7. Dezember 1941), welche diese Vorauszahlungen auf der Grundlage der bei der vorhergehenden Veranlagung festgesetzten Besteuerung vorsehen, werden demgemäß geändert.

3. Vorbehaltlich der Ausnahmebestimmungen in Satz 2 dieses Absatzes muß jeder Steuerpflichtige gleichzeitig mit der Vorauszahlung eine „vierteljährliche Erklärung" abgeben, in der er angeben muß, wie er die Vorauszahlung berechnet hat. Land- und Forstwirte, die keine Bücher führen, sowie Personen, deren Einkommen für das vorhergehende Vierteljahr 1000 Reichsmark nicht übersteigt, brauchen diese Erklärung nicht abzugeben.

4. Spätestens am 10. März eines jeden Jahres muß der Steuerpflichtige eine Erklärung über sein Gesamteinkommen des mit dem vorhergehenden 31. Dezember abgelaufenen Kalenderjahres abgeben („jährliche Steuererklärung"). Folgende Personen brauchen diese Erklärung nicht abzugeben:

a) alle Personen, deren aus Löhnen stammendes Einkommen 24 000 RM nicht erreicht und deren sonstiges steuerpflichtiges Einkommen 600 RM im Jahre nicht übersteigt,

b) Land- und Forstwirte, die keine Bücher führen und deren nicht aus Land- und Forstwirtschaft stammendes steuerpflichtiges Einkommen 600 RM im Jahre nicht übersteigt,

c) andere Personen, deren steuerpflichtiges Einkommen 600 RM im Jahre nicht übersteigt.

§ 15 der Einkommensteuer-Durchführungsverordnung wird zwecks Durchführung der Bestimmungen dieses Absatzes entsprechend geändert.

5. Auf Grund der gemäß Absatz 4 abgegebenen jährlichen Steuererklärungen berechnet das Finanzamt neuerdings den Gesamtbetrag der Einkommensteuer und der Körperschaftsteuer für das ganze Jahr. Wenn aus dieser neuen Berechnung hervorgeht, daß ein die Einkommensteuerschuld übersteigender Betrag bezahlt worden ist, wird dieser je nach Wunsch des Steuerpflichtigen ihm entweder auf seine Steuerschuld des folgenden Jahres gutgeschrieben oder zurückbezahlt. Wenn es sich hingegen ergibt, daß eine Nachzahlung zu leisten ist, so muß diese von dem Steuerpflichtigen binnen 14 Tagen nach Mitteilung der neu errechneten Steuerschuld geleistet werden.

6. Falls die vierteljährlichen Vorauszahlungen 25 v. H. oder mehr unter dem tatsächlichen Betrag der endgültig für das Vierteljahr zu zahlenden Steuern liegen, muß der Steuerpflichtige als Strafe eine zusätzliche Steuer zahlen, die sich auf 15 v. H. der endgültig für

das betreffende Vierteljahr errechneten Summe beläuft. Bei der Ermittlung, ob ein Minderbetrag von 25 v. H. oder mehr besteht, wird ein für ein Vierteljahr zuviel bezahlter Betrag dem Steuerpflichtigen für die Steuerzahlung des folgenden Vierteljahrs gutgeschrieben.

7. Das Finanzamt kann, nötigenfalls, die Richtigkeit der von dem Steuerpflichtigen in seiner auf Grund der Ziffer 3 abgegebenen vierteljährlichen Steuererklärung über sein Einkommen gemachten Angaben sofort nachprüfen und eine neue Berechnung der Steuerschuld vornehmen, ohne das Jahresende und die Abgabe der jährlichen Einkommensteuererklärung abzuwarten.

Durch Artikel XVI des Gesetzes Nr. 12 sind die bisherigen Bestimmungen über die Vorauszahlungen grundlegend geändert worden. Nunmehr sind die Vorauszahlungen auf die Körperschaftsteuer am 10. April, 10. Juli, 10. Oktober und 10. Januar statt wie bisher am 10. März, 10. Juni, 10. September und 10. Dezember zu leisten.

Bemessungsgrundlage für die Vorauszahlungen ist auch nicht mehr die für das Vorjahr veranlagte Körperschaftsteuer, sondern das im vorhergehenden Vierteljahr erzielte Einkommen. Die bis zum 10. April zu entrichtende Vorauszahlung ist also z. B. zu berechnen nach dem Einkommen, welches der Steuerpflichtige in der Zeit vom 1. Januar bis 31. März erzielt hat. Gleichzeitig mit der Entrichtung der Vorauszahlung ist dann auch eine „vierteljährliche Erklärung" abzugeben, in der anzugeben ist, wie die Vorauszahlung errechnet wurde. Diese „vierteljährliche Erklärung" gilt auch als Steuererklärung. Nach Jahresschluß muß der Steuerpflichtige dann bis zum 10. März des folgenden Jahres eine „jährliche Steuererklärung" abgeben, welche sein Gesamteinkommen im abgelaufenen Kalenderjahr umfaßt. Die Steuerpflichtigen haben also nunmehr 5 Steuererklärungen in jedem Jahr abzugeben, nämlich 4 „vierteljährliche Erklärungen und 1 „jährliche Steuererklärung".

Auf Grund der „jährlichen Steuererklärung" nimmt das Finanzamt dann die Veranlagung vor. Stellt sich dabei heraus, daß der Steuerpflichtige seine Einkommensteuerschuld überzahlt hat, so wird ihm der überzahlte Betrag entweder auf die Steuerschuld des folgenden Jahres gutgeschrieben oder zurückgezahlt, je nach Wunsch des Steuerpflichtigen. Hat dagegen der Steuerpflichtige eine Nachzahlung zu leisten, so muß dieselbe binnen 14 Tagen nach Mitteilung der neu errechneten Steuerschuld geleistet werden. Damit der Steuerpflichtige seine vierteljährlichen Steuerzahlungen auch sorgfältig errechnet, ist bestimmt, daß er als Strafe eine zusätzliche Steuer zahlen muß, wenn festgestellt wird, daß die vierteljährlichen Vorauszahlungen 25 v. H. oder mehr unter dem tatsächlichen Betrag der endgültig für das Vierteljahr zu zahlenden Steuern liegen. Die Höhe der Strafe beträgt 15 v. H. der endgültig für das betreffende Vierteljahr errechneten Summe. Hat ein Steuerpflichtiger in einem Vierteljahr eine zu hohe Vorauszahlung entrichtet, so wird ihm bei der Ermittlung ob ein Minderbetrag von 25 v. H. oder mehr besteht, dieser zuviel gezahlte Betrag für das folgende Vierteljahr gutgeschrieben.

Wenn auch die Veranlagung der Steuerpflichtigen erst nach Abgabe der „jährlichen Steuererklärung" vorgenommen werden soll, so kann das Finanzamt doch die Richtigkeit der „vierteljährlichen Erklärung" schon früher nachprüfen und gegebenenfalls eine neue Berechnung der Steuerschuld vornehmen, ohne das Jahresende und die Abgabe der „jährlichen Steuererklärung" abzuwarten.

In der Ersten Ausführungsanweisung zum Gesetz Nr. 12 ist hierzu mit Zustimmung der Englischen Militärregierung u. a. folgendes bestimmt:

Die Ziffer 2 des Artikels enthält die wichtigste Neuerung des Änderungsgesetzes: Die Umstellung des grundsätzlichen Maßstabes für die Vorauszahlungen von dem Ergebnis der letzten Veranlagung auf das Einkommen in den letzten drei Monaten, die jedem Fälligkeitsmonat unmittelbar vorhergehen. Zweck dieser Regelung ist, die Vorauszahlungen grundsätzlich von vornherein nach dem tatsächlichen Vierteljahreseinkommen zu bemessen, das einen Teil des der demnächstigen Veranlagung unterliegenden Jahreseinkommens bildet. Der Grundsatz erfährt nur eine gewisse Einschränkung in den Fällen, in denen vom Kalenderjahr abweichende Wirtschaftsjahre bestehen.

Zu Ziffer 3 des Artikels XVI: Vierteljährliche Steuererklärung

Das Ziel der neuen Regelung läßt sich nur dadurch erreichen, daß der Steuerpflichtige grundsätzlich verpflichtet wird, möglichst bald nach Ablauf jeden Kalendervierteljahres dem Finanzamt eine Erklärung über das im abgelaufenen Kalendervierteljahr bezogene Einkommen abzugeben. Deshalb die Verlegung der Termine für die Vorauszahlungen, mit denen nunmehr gleichzeitig die Vierteljahreserklärungen abzugeben sind, auf den 10. des ersten Monats eines jeden Kalendervierteljahres.

Für die Abgabe der Vierteljahreserklärungen werden, ebenso wie für die Abgabe der jährlichen Steuererklärungen, Vordrucke bereitgestellt, die für die britische Zone einheitlich gestaltet sind und auf denen der Steuerpflichtige das Vierteljahreseinkommen abzugeben und die vierteljährliche Einkommensteuer selbst zu errechnen hat. Der Berechnung der Vierteljahressteuer dienen die vierteljährlichen Einkommensteuertabellen. Die Erklärungsvordrucke sollen dem erklärungspflichtigen Steuerpflichtigen jeweils regelmäßig bis zum Ende des Kalendervierteljahres, über dessen Einkommen die Erklärung lauten soll, vom Finanzamt zugesandt werden. Der Nichtempfang eines Erklärungsvordruckes befreit jedoch den Steuerpflichtigen nicht von der Verpflichtung zur rechtzeitigen Abgabe der Vierteljahreserklärung. Diese ist eine Steuererklärung im Sinne des § 166 RAO. Bei Nichtwahrung der Erklärungsfrist kann das Finanzamt dem Steuerpflichtigen gemäß § 168 Absatz 2 AO. einen Zuschlag bis zu 10 v. H. der endgültig festgesetzten Steuer auferlegen. Bei Nichtabgabe oder unvollständiger Abgabe der Vierteljahreserklärung kann das Finanzamt das Vierteljahreseinkommen schätzen (§ 217 AO.). Es kann die Erklärung auch nach § 202 AO. erzwingen. Auf begründeten Antrag kann die Erklärungsfrist unter Anlegung eines strengen Maßstabes angemessen verlängert werden (§ 83 Absatz 1 AO.).

Von der Verpflichtung zur Abgabe der Vierteljahreserklärung sind befreit nur

a) die Steuerpflichtigen, deren Einkommen in dem Vierteljahr, für das die Erklärung abzugeben wäre, 1000 RM nicht übersteigt,

b) die nichtbuchführenden Land- und Forstwirte. Das sind nach § 1 der Verordnung über die Aufstellung von Durchschnittssätzen für die Ermittlung des Gewinns aus Land- und Forstwirtschaft vom 31. Dezember 1936 die Land- und Forstwirte, die nicht gemäß § 161 AO. zur Führung von Büchern verpflichtet sind oder ordnungsmäßige Bücher nicht führen und deren Jahresumsatz die von den Oberfinanzpräsidenten zu bestimmende Grenze, die auf höchstens 40 000 RM festgesetzt werden darf, nicht übersteigt.

Auch wenn keine vierteljährliche Erklärung abzugeben ist, besteht die Verpflichtung zur Leistung von vierteljährlichen Vorauszahlungen, wenn der Steuerpflichtige für eine Veranlagung in Betracht kommt und die einzelne Vorauszahlung mindestens 3 RM beträgt (§ 24 Absatz 3 EStDVO.). Auch in diesem Falle hat der Steuerpflichtige die einzelne Vorauszahlung selbst zu errechnen.

Im einzelnen ist zu dem Inhalt der Vierteljahreserklärung noch folgendes zu beachten:

a) Absetzungen für Abnutzung und für Substanzverringerung im Sinne der §§ 7 und 9 Ziffer 6 EStG. sind beim Betriebsgewinn buchführender Land- und Forstwirte und Gewerbetreibender mit ihren Vierteljahresbeträgen in den Vierteljahreserklärungen, bei den übrigen Einkünften mit ihren Jahresbeträgen in den Jahreserklärungen zu berücksichtigen.

b) Verlustabzüge sind vierteljährlich bis zum vollen Ausgleich, jedoch längstens bis zu der zeitlichen Begrenzung des § 10 Absatz 1 Ziffer 4 EStG. vorzunehmen.

c) Buchführungspflichtige Betriebe haben den vierteljährlichen Gewinn gemäß § 4 Absatz 1 EStG. an Hand eines Hauptgeschäftsabschlusses zu ermitteln.

d) Die Mindestbesteuerung der Körperschaften gemäß § 17 KStG. ist nicht vierteljährlich vorzunehmen, sondern bleibt der Jahresveranlagung vorbehalten.

Zu Ziffer 4 des Artikels XVI: Jahreserklärung

Körperschaftsteuerpflichtige haben die Jahreserklärung nach Maßgabe des § 33 der Ersten Verordnung zur Durchführung des KStG. vom 6. Februar 1935 abzugeben.

Die Vereinfachungsmaßnahmen, die in den KStErgR. für 1940 (RdF.-Erl. vom 22. Februar 1941 — S 2560 — 50 III, RStBl. 1941 S. 161) getroffen sind, gelten weiter. Insbesondere kann von der Veranlagung von ländlichen Kleinstgenossenschaften abgesehen werden, wenn anzunehmen ist, daß der steuerliche Jahresgewinn nicht 750 RM übersteigt; übersteigt ihr Gewinn nicht 2000 RM, so ist unter weitgehender Anwendung der Pauschalierung nach § 21 KStG. großzügig zu verfahren (Abschnitt 8 des RdF.-Erl.). Entsprechend ist bei anderen kleinen Körperschaften zu verfahren. Hinweis auf Abschnitt 2 des RdF.-Erl.

Behandlung abweichender Wirtschaftsjahre Vorauszahlungen und Vierteljahreserklärungen

Weichen die Vierteljahre des Wirtschaftsjahres von den Vierteljahren des Kalenderjahres ab, so ist der Vierteljahreserklärung nicht das in dem Kalendervierteljahr bezogene Einkommen, sondern das in dem Wirtschaftsvierteljahr, das in jedem Kalendervierteljahr geendet hat, bezogene Einkommen der Vierteljahreserklärung zugrunde zu legen. Dies ist so zu verstehen, daß nicht nur — wie bei der bisherigen Regelung — der unter das abweichende Wirtschaftsvierteljahr fallende Gewinn sondern auch alle übrigen Einkünfte (z. B. aus selbständiger Arbeit, aus Kapitalvermögen, aus Vermietung und Verpachtung) der Vierteljahreserklärung und der Vorauszahlung insoweit unterliegen, als sie in dem Zeitraum des Wirtschaftsvierteljahres bezogen worden sind.

Beispiel:

Ein Steuerpflichtiger führt ordnungsmäßige Bücher für einen Gewerbebetrieb mit einem Wirtschaftsjahr vom 1. September bis 31. August. Dann hat er in der am 10. Oktober fälligen Vierteljahreserklärung nicht sein Einkommen in den Monaten

Juli bis September, sondern sein Einkommen (d. h. die Summe seiner Einkünfte aus allen Einkunftsarten) in den Monaten Juli bis August anzugeben.

Ferner bestimmt die Erste KStDVO. folgendes:

Zu § 20 des Gesetzes: Steuererklärung

§ 33

(1) Unbeschränkt Körperschaftsteuerpflichtige haben eine Steuererklärung über sämtliche Einkünfte abzugeben.

(2) Beschränkt Körperschaftsteuerpflichtige (§ 2 Ziffer 1 des Gesetzes) haben eine Steuererklärung über die inländischen Einkünfte abzugeben.

(3) Eine Steuererklärung ist auch abzugeben:

1. beim Wegfall der Steuerpflicht, insbesondere auch bei der Umwandlung,

2. beim Übergang von der beschränkten zur unbeschränkten und beim Übergang von der unbeschränkten zur beschränkten Steuerpflicht.

(4) Außer den in den Absätzen 1 bis 3 genannten Fällen haben eine Steuererklärung abzugeben alle Körperschaften, Personenvereinigungen und Vermögensmassen, die hierzu vom Finanzamt besonders aufgefordert werden.

§ 34

Soweit Einkünfte einheitlich festzustellen sind, sind die zur Geschäftsführung oder Vertretung der Gesellschaft oder Gemeinschaft befugten Personen zur Abgabe einer Erklärung über die Einkünfte der Beteiligten verpflichtet.

§ 35

(1) Die Erklärungen nach den §§ 33, 34 sind, wenn sie schriftlich abgegeben werden, unter Verwendung der amtlichen Vordrucke abzugeben.

(2) Steuerpflichtige, die nach den Vorschriften des Handelsgesetzbuches oder auf Grund anderer gesetzlicher Vorschriften Bücher führen und regelmäßig Abschlüsse machen, haben der Steuererklärung eine Abschrift der unverkürzten Bilanz, der Verlust- und Gewinnübersicht,

und wenn ein Jahresbericht (Geschäftsbericht) vorliegt, auch diesen beizufügen.

§ 21

Pauschbesteuerung

Das Finanzamt kann die Körperschaftsteuer in einem Pauschbetrag festsetzen, wenn das steuerpflichtige Einkommen offenbar geringfügig ist und die genaue Ermittlung dieses Einkommens zu einer unverhältnismäßig großen Verwaltungsarbeit führen würde.

V. Übergangs- und Schlußvorschriften

§ 22

Ausdehnung des Kreises der Steuerpflichtigen

Der Reichsminister der Finanzen wird ermächtigt, andere Personenvereinigungen als die im § 1 genannten für unbeschränkt steuerpflichtig zu erklären und ihre Besteuerung zu regeln.

§ 23

Genossenschaften

Der Reichsminister der Finanzen wird ermächtigt, für bestimmte Gruppen von Erwerbs- und Wirtschaftsgenossenschaften eine Befreiung von der Körperschaftsteuer oder die Anwendung eines ermäßigten Steuersatzes vorzuschreiben oder die Ermittlung ihres Einkommens besonders zu regeln.

Auf Grund dieser Ermächtigung hat der RdF. unter dem 8. Dezember 1939 folgende Verordnung über die Körperschaftsteuer der Erwerbs- und Wirtschaftsgenossenschaften erlassen:

§ 1

Anwendungsgebiet

Es sind auf Erwerbs- und Wirtschaftsgenossenschaften anzuwenden:

2. *das Gesetz zur Erhöhung der Körperschaftsteuer für die Jahre 1938 bis 1940 vom 25. Juli 1938 (RGBl. I S. 952),*
3. *die Erste Verordnung zur Durchführung des Körperschaftsteuergesetzes vom 6. Februar 1935 (RGBl. I S. 163).*

§ 2

Landwirtschaftliche Nutzungs- und Verwertungsgenossenschaften

Genossenschaften sind von der Körperschaftsteuer befreit, soweit sich ihr Geschäftsbetrieb erstreckt

a) auf die gemeinschaftliche Benutzung land- und forstwirtschaftlicher Betriebseinrichtungen oder Betriebsgegenstände (z. B. Dreschgenossenschaften, Pfluggenossenschaften, Zuchtgenossenschaften) oder

b) auf die Bearbeitung oder die Verwertung der von den Mitgliedern selbst gewonnenen land- und forstwirtschaftlichen Erzeugnisse, soweit die Bearbeitung oder die Verwertung im Bereich der Land- und Forstwirtschaft liegt (z. B. Molkereigenossenschaften, Winzergenossenschaften, Brennereigenossenschaften, Viehverwertungsgenossenschaften, Eierverwertungsgenossenschaften).

§ 3

Gewerbliche Werk- und Lieferungsgenossenschaften

Genossenschaften der gewerblichen Wirtschaft können nach Maßgabe weiterer Bestimmungen Eigenkapital steuerfrei bilden, soweit sich ihr Geschäftsbetrieb erstreckt

a) auf die gemeinschaftliche Benutzung von Betriebseinrichtungen oder Betriebsgegenständen, die der technischen Durchführung des Betriebes dienen, oder

b) auf die Bearbeitung oder die Verwertung von gewerblichen Erzeugnissen, die die Mitglieder entweder selbst hergestellt, bearbeitet oder verarbeitet haben.

§ 4

Kreditgenossenschaften

Die Steuer wird auf ein Drittel ermäßigt bei Kreditgenossenschaften, die Kredite ausschließlich an ihre Mitglieder gewähren.

1. das Körperschaftsteuergesetz vom 16. Oktober 1934 RGBl. I S. 1031) mit der Änderung durch das Gesetz vom 27. August 1936 (RGBl. I S. 701),

§ 5

Warenrückvergütungen

(1) Die den Mitgliedern gewährten Warenrückvergütungen dürfen bei der Ermittlung des steuerpflichtigen Gewinns abgezogen werden, jedoch nur in dem Verhältnis, in dem die Umsätze mit Mitgliedern zum Gesamtumsatz stehen.

(2) Der Abzug nach Absatz 1 hat außerdem insoweit zu unterbleiben, als der Gesamtbetrag der ausgeschütteten Gewinnanteile hinter dem Betrag einer angemessenen Verzinsung des Eigenkapitals zurückbleibt.

§ 6

Steuerliche Anfangsbilanz

(1) Genossenschaften, die schon bisher voll körperschaftsteuerpflichtig waren, haben die Werte der Steuerbilanzen fortzuführen.

(2) Genossenschaften, die bisher bei der Körperschaftsteuer steuerfrei oder steuerbegünstigt waren, zur Gewerbesteuer aber herangezogen wurden, haben in der Körperschaftsteuer-Anfangsbilanz die Werte der für Gewerbesteuerzwecke berichtigten Handelsbilanzen zu übernehmen.

(3) Die anderen Genossenschaften können in der Anfangsbilanz alle Wirtschaftsgüter höchstens mit dem Teilwert ansetzen. Der Teilwert darf jedoch die tatsächlichen Anschaffungs- oder Herstellungskosten abzüglich der Absetzungen für Abnutzung nicht übersteigen.

§ 7

Inkrafttreten

Die Verordnung ist erstmalig auf die Veranlagung für das Kalenderjahr 1939 anzuwenden.

Berlin, 8. Dezember 1939.

Zur Einführung vorstehender Verordnung diente nachstehender Erlaß des RMdF. vom 11. Dezember 1939:

A. Anwendungsgebiet

(1) Erwerbs- und Wirtschaftsgenossenschaften sind § 1 Absatz 1 Ziffer 2 KStG. 1934 gemäß unbeschränkt körperschaftsteuerpflichtig.

(2) Nach den Richtlinien für die Veranlagung zur Einkommensteuer und Körperschaftsteuer für 1937 (VR. für 1937, Abschnitt H XIII S. 120), waren für die Jahre 1938 und 1939 noch einzelne Vorschriften des Körperschaftsteuergesetzes 1925 auf Erwerbs- und Wirtschaftsgenossenschaften anzuwenden. Sie waren nur mit bestimmten Einkünften körperschaftsteuerpflichtig, wenn sie einem Prüfungsverband angeschlossen waren und wenn sie ihren Geschäftsbetrieb auf den Kreis ihrer Mitglieder beschränkten.

(3) § 1 der Verordnung gemäß sind mit dem Inkrafttreten der Verordnung das Körperschaftsteuergesetz vom 16. Oktober 1934 mit der Änderung des Gesetzes vom 27. August 1936, das Gesetz zur Erhöhung der Körperschaftsteuer für die Jahre 1938 bis 1940 vom 25. Juli 1938 und die Erste Verordnung zur Durchführung des Körperschaftsteuergesetzes vom 6. Februar 1935 in vollem Umfange auf Erwerbs- und Wirtschaftsgenossenschaften anzuwenden. Die Steuerpflicht der Erwerbs- und Wirtschaftsgenossenschaften hängt nicht mehr davon ab, ob sich ihr Geschäftsbetrieb auf den Kreis der Mitglieder beschränkt. Eine Ausnahme bilden bestimmte landwirtschaftliche und gewerbliche Genossenschaften und die Kreditgenossenschaften.

B. Landwirtschaftliche Nutzungs- und Verwertungsgenossenschaften

a) Kreis der befreiten landwirtschaftlichen Genossenschaften

1. *Gesetzliche Bestimmung*

§ 2 der Verordnung gemäß sind von der Körperschaftsteuer die Genossenschaften befreit, soweit sich ihr Geschäftsbetrieb erstreckt

a) auf die gemeinschaftliche Benutzung land- und forstwirtschaftlicher Betriebseinrichtungen oder Betriebsgegenstände (z. B. Dreschgenossenschaften, Pfluggenossenschaften, Zuchtgenossenschaften) oder

b) auf die Bearbeitung oder die Verwertung der von den Mitgliedern selbst gewonnenen land- und forstwirtschaftlichen Erzeugnisse, soweit die Bearbeitung oder die Verwertung im Bereich der Land- und Forstwirtschaft liegt (z. B. Molkereigenossenschaften, Winzergenossenschaften, Brennereigenossenschaften, Viehverwertungsgenossenschaften).

2. *Reine Nutzungs- und Verwertungsgenossenschaften*

§ 2 der Verordnung entspricht dem § 3 Ziffer 8 des Gewerbesteuergesetzes. Es handelt sich um die landwirtschaftlichen Nutzungs- und Verwertungsgenossenschaften. Es fallen darunter auch die reinen landwirtschaftlichen Verwertungs- (Absatz-) Genossenschaften.

3. *Landwirtschaftliche Bezugs- und Absatzgenossenschaften*

Die landwirtschaftlichen Bezugs- und Absatzgenossenschaften fallen nicht unter die Befreiungsvorschrift des § 2 der Verordnung. Sie sind grundsätzlich voll körperschaftsteuerpflichtig. Es gilt für sie aber die Vergünstigung des § 5 der Verordnung.

4. *Molkereigenossenschaften*

Molkereigenossenschaften gelten auch dann als reine landwirtschaftliche Nutzungs- und Verwertungsgenossenschaften, wenn sie Butter, Käse und Magermilch zur Rücklieferung an ihre Mitglieder oder auf Anordnung des Reichsnährstandes oder auf Bescheinigung des Reichsbauernführers oder der Landesbauernschaft zukaufen. Es ist in diesen Fällen nur der Gewinn aus dem Zukauf körperschaftsteuerpflichtig. Dieser Gewinn wird in der Regel klein sein. Ich habe keine Bedenken, wenn die Finanzämter von der Pauschbesteuerung § 21 KStG. gemäß oft Gebrauch machen.

Rechtsfähige Molkereivereinigungen und Molkereigenossenschaften, die nicht in das Genossenschaftsregister eingetragen sind, aber der Aufsicht der amtlichen Berufsvertretung unterliegen, sind den eingetragenen Molkereigenossenschaften gleichzustellen.

5. *Zentralen landwirtschaftlicher Genossenschaften*

§ 2 der Verordnung gilt entsprechend für die Zentralen landwirtschaftlicher Nutzungs- und Verwertungsgenossenschaften, auch wenn sie in Form einer Kapitalgesellschaft geführt werden (z. B. Molkereiabsatzzentralen, Eierabsatzzentralen, Viehabsatzzentralen). Voraussetzung für die steuerliche Begünstigung ist, daß die Zentralen sich ausschließlich oder überwiegend (mindestens 90 v. H.) aus steuerbegünstigten Genossenschaften zusammensetzt. Die Zentralen der landwirtschaftlichen Bezugs- und Absatzgenossenschaften (z. B. die landwirtschaftlichen Haupt- und Zentralgenossenschaften) sind dagegen immer voll körperschaftsteuerpflichtig.

Es gilt für sie aber die Vergünstigung des § 5 der Verordnung, wenn sie in Genossenschaftsform geführt werden.

b) Umfang der Befreiungen

1. *Bereich der Land- und Forstwirtschaft*

(1) Landwirtschaftliche Nutzungs- und Verwertungsgenossenschaften sind § 2 der Verordnung gemäß von der Körperschaftsteuer befreit, „soweit die Bearbeitung oder die Verwertung im Bereich der Land- und Forstwirtschaft liegt". Die Frage, ob die Tätigkeit der Nutzungs- und Verwertungs-

genossenschaft noch im Bereich der Land- und Forstwirtschaft liegt, ist nach denselben Grundsätzen zu beurteilen, die für die Abgrenzung der Land- und Forstwirtschaft gegenüber dem Gewerbebetrieb gelten (Hinweis auf GewR. 1938 Abschnitt I 2).

(2) Es dürfen nur von den Mitgliedern selbst gewonnene Erzeugnisse bearbeitet oder verwertet werden.

Beispiel: Eine Brennereigenossenschaft ist körperschaftsteuerfrei, wenn sie lediglich die von ihren Mitgliedern angelieferten Kartoffeln verarbeitet.

Es tritt aber die volle Steuerpflicht ein, wenn auch nur in geringem Umfang fremde Erzeugnisse verarbeitet werden.

2. *Hilfsgeschäfte*

Eine landwirtschaftliche Nutzungs- und Verwertungsgenossenschaft verliert ihre Steuerfreiheit nicht dadurch, daß sie im Rahmen ihres Geschäftsbetriebs Hilfsgeschäfte gewerblicher Art tätigt, die der Betrieb mit sich bringt.

Beispiele: Eine Molkereigenossenschaft liefert ihren Mitgliedern Molkereibedarfsartikel (Milchkannen usw.).

Eine Winzergenossenschaft liefert ihren Mitgliedern Mittel zur Schädlingsbekämpfung.

3. *Anschlußgenossenschaften und Lieferungsgenossenschaften*

Es ist oft im Rahmen der Marktordnung erforderlich, zwischen dem Erzeuger und den Verwertungsgenossenschaften Anschlußgenossenschaften oder Lieferungsgenossenschaften einzuschalten.

Beispiel für Anschlußgenossenschaften: Landwirtschaftliche Erzeuger, deren finanzielle Leistungsfähigkeit schwach ist, werden oft in einer Anschlußgenossenschaft zusammengefaßt, um ihre Erzeugnisse (z. B. Milch, Eier) zu verwerten. Die Anschlußgenossenschaft tritt einer

Molkereigenossenschaft oder einer Eierverwertungsgenossenschaft als Mitglied bei.

Der gesamte Geschäftsverkehr spielt sich unmittelbar zwischen der Molkereigenossenschaft oder der Eierverwertungsgenossenschaft und den Mitgliedern der Anschlußgenossenschaft ab.

Beispiel für Lieferungsgenossenschaften: Genossenschaftliche Sammelstellen (z. B. für Milch und Eier) werden oft gebildet, um anfallende landwirtschaftliche Erzeugnisse örtlich zu erfassen. Diese Sammelstellen leiten die Erzeugnisse der Mitglieder an die eigentliche Verwertungsgenossenschaft (Molkereigenossenschaft, Eierverwertungsgenossenschaft) weiter. Die Sammelstelle tritt in ihrer Eigenschaft als Lieferungsgenossenschaft der Verwertungsgenossenschaft als Mitglied bei.

Die Abrechnung wird zwischen der Verwertungsgenossenschaft und der Lieferungsgenossenschaft oder unmittelbar zwischen der Verwertungsgenossenschaft und den Mitgliedern der Lieferungsgenossenschaft vorgenommen.

Die Verwertungsgenossenschaft wird nicht aus dem Grund steuerpflichtig, weil solche Anschlußgenossenschaften oder Lieferungsgenossenschaften zwischengeschaltet werden.

4. Anordnungen des Reichsnährstandes

Landwirtschaftliche Nutzungs- und Verwertungsgenossenschaften werden oft auf Grund gesetzlicher Vorschriften oder auf Anordnungen (Milch- und Fettwirtschaftsverbände u. ä.) gezwungen, Geschäfte mit Nichtmitgliedern zu machen. Ich bestimme § 131 AO. gemäß, daß in diesen Fällen die Genossenschaft nicht zur vollen Körperschaftsteuer heranzuziehen ist. Die Gewinne aus den Mitgliedergeschäften sind körperschaftsteuerfrei zu lassen. Die Körperschaftsteuer für Gewinne aus Nichtmitgliedergeschäften kann in einem Pauschbetrag festgesetzt werden.

Das gilt auch für die Genossenschaften, die schon früher mit Nichtmitgliedern gearbeitet haben und deren Geschäftsbetrieb von Anfang an auf Nichtmitglieder zugeschnitten ist.

C. Landwirtschaftliche Kleinstgenossenschaften

Kleine landwirtschaftliche Genossenschaften werden in ländlichen Bezirken oft ehrenamtlich geleitet. Die genaue Gewinnermittlung würde zu einer Verwaltungsarbeit führen, die zum Steueraufkommen in keinem Verhältnis steht. Ich bin deshalb damit einverstanden, daß von einer Veranlagung dieser Kleinstgenossenschaften abgesehen wird. Wenn gelegentlich größere steuerliche Gewinne vorkommen, habe ich kein Bedenken, daß die Steuer § 21 KStG. gemäß großzügig pauschaliert wird.

D. Genossenschaften der gewerblichen Wirtschaft

(1) § 3 der Verordnung begünstigt zwei Gruppen von Genossenschaften der gewerblichen Wirtschaft:

1. Gewerbliche Werkgenossenschaften, deren Geschäftsbetrieb sich auf die gemeinschaftliche Benutzung von Betriebseinrichtungen oder Betriebsgegenständen erstreckt, die der technischen Durchführung des Gewerbes dienen (§ 3 Buchstabe a der Verordnung). Die gemeinschaftlich benutzte Betriebseinrichtung oder der gemeinschaftlich benutzte Betriebsgegenstand darf nur ein Hilfsmittel für die technische Durchführung des Betriebs des einzelnen Genossen sein.

   Beispiel: Mehrere Schneidermeister schließen sich zu einer Genossenschaft zusammen und kaufen eine Zuschneidemaschine zur gemeinschaftlichen Benutzung.

   Es kann von einem Hilfsmittel für die technische Durchführung des Betriebs des einzelnen Genossen nicht mehr gesprochen werden, wenn der Betrieb der Genossenschaft für den Genosen nicht mehr nebensächlich, sondern lebenswichtig ist. Diese Genossenschaften werden steuerlich nicht begünstigt.

Beispiele: Genossenschaftliche Schlachthöfe; genossenschaftliche Bäckereien; genossenschaftliche Wäschereien usw.

2. *Gewerbliche Lieferungsgenossenschaften (§ 3 Buchstabe b der Verordnung)*

   Beispiel: Mehrere Handwerker schließen sich zu einer sogenannten Lieferungsgenossenschaft zusammen. Ohne den Zusammenschluß könnte der einzelne Handwerker große Aufträge nicht bewältigen.

(2) Zu den gewerblichen Lieferungsgenossenschaften im Sinne des § 3 Buchstabe b der Verordnung gehören nur Genossenschaften, die vom Reichsstand des Deutschen Handwerks durch eine Bescheinigung anerkannt sind.

(3) Die gewerblichen Werkgenossenschaften und die gewerblichen Lieferungsgenossenschaften sollen in der Anlaufzeit die Möglichkeit haben, die erforderlichen Rücklagen möglichst schnell anzusammeln. Ich bestimme deshalb das Folgende:

a) Gewerbliche Werkgenossenschaften und gewerbliche Lieferungsgenossenschaften können in der Anlaufszeit die erforderlichen Rücklagen steuerfrei bilden.

b) Die steuerfreien Rücklagen dürfen zwei Drittel der eingezahlten Geschäftsguthaben der Genossen nicht übersteigen.

(4) Die in Absatz 3 getroffene Regelung gilt auch für Sozialgenossenschaften (Sozialgewerke) der deutschen Handwerker. Es kommen insbesondere handwerkliche Genossenschaften in Betracht, die dem Gesundheitsdienst, der Gemeinschaftsverpflegung usw. der Gefolgschaftsmitglieder des einzelnen Handwerks dienen.

E. Kreditgenossenschaften

a. Höhe der Steuer

Die Körperschaftssteuer wird § 4 der Verordnung gemäß auf ein Drittel ermäßigt bei Kreditgenossenschaften, die Kredite ausschließlich an Mitglieder gewähren. Kreditgenossenschaften, die die Voraussetzungen erfüllen und deren Einkommen den Betrag von 100 000 RM übersteigt, zahlen also für 1939 und 1940 ein Drittel der tarifmäßigen Steuer von 40 v. H. des steuerpflichtigen Gesamteinkommens. Kreditgenossenschaften, die die Voraussetzungen erfüllen und deren Einkommen den Betrag von 100 000 RM nicht übersteigt, zahlen ein Drittel der tarifmäßigen Steuer von 30 v. H. des steuerpflichtigen Gesamteinkommens. Kreditgenossenschaften, die die Voraussetzungen des § 4 nicht erfüllen, zahlen die volle Steuer.

b) Kredite an Mitglieder

(1) § 8 Absatz 2 des Genossenschaftsgesetzes vom 20. Mai 1898 (RGBl. S. 810) gemäß dürfen Kreditgenossenschaften Kredite nur an ihre Mitglieder gewähren. Wenn ein Kredit an ein Nichtmitglied gewährt wird, ist die volle Körperschaftssteuer zu entrichten. Andere Geschäfte dürfen mit Nichtmitgliedern gemacht werden.

(2) Kredite im Sinne des § 4 der Verordnung sind auch übernommene Haftungen, Garantien und Bürgschaften, außerdem Vorschüsse, Wechseldiskontierungen, Ueberziehungen des Kontos usw. Wenn ein Konto jedoch nur vorübergehend und in geringem Umfang überzogen wird, ist darin eine Kreditgewährung nicht zu erblicken.

(3) Es ist kein Kredit im Sinne des § 4 der Verordnung, wenn Geldbestände in Kapital- und Geldmarktpapieren angelegt werden, insbesondere in Reichsanleihen, Reichsschatzanweisungen, Steuergutscheinen, Teilschuldverschreibungen, Pfandbriefen, Privatdiskonten und in ähnlichen Anlagewerten. Das gilt auch für Guthaben bei anderen Kreditinstituten (Nostro-Guthaben), z. B. für Guthaben bei Zentralkassen.

(4) Die Genossenschaften haben den Nachweis, daß Kredite nur an Mitglieder gewährt werden, zu erleichtern. Die Mitgliedsnummer des Genossen ist auf dem einzelnen Geschäftsfreundekonto der Genossenschaft zu vermerken.

c. Spar- und Darlehnskassen

(1) Reine Spar- und Darlehnskassen sind Kreditgenossenschaften im Sinne des § 4 der Verordnung, wenn sie Kredite ausschließlich an ihre Mitglieder gewähren.

(2) Spar- und Darlehnskassen betreiben neben dem Geld- und Kreditgeschäft oft auch das Warengeschäft. Das Warengeschäft ist aus dem Geld- und Kreditgeschäft nicht mehr auszugliedern. Spar- und Darlehnskassen, die neben dem Geld- und Kreditgeschäft das Warengeschäft betreiben, fallen unter die Bestimmung des § 4 der Verordnung, wenn das Kreditgeschäft den Hauptgeschäftszweig darstellt und wenn außerdem die übrigen Voraussetzungen vorliegen. Die nach dem Gesamteinkommen berechnete Körperschaftsteuer wird in diesen Fällen auf ein Drittel ermäßigt. § 5 der Verordnung gilt nicht bei Berechnung des Gewinns.

(3) Es sind für die Beurteilung, ob das Geld- und Kreditgeschäft den Hauptgeschäftszweig darstellt, die Rohgewinne aus dem Geld- und Kreditgeschäft mit den Rohgewinnen aus dem Warengeschäft zu vergleichen. Das Kreditgeschäft bildet den Hauptgeschäftszweig, wenn die Rohgewinne aus dem Geld- und Kreditgeschäft höher sind als die Rohgewinne aus dem Warengeschäft. Die Spar- und Darlehnskasse ist dann als Kreditgenossenschaft zu behandeln.

(4) Es sind die Rohgewinne des laufenden Wirtschaftsjahrs zu vergleichen, erstmalig also die Rohgewinne des Wirtschaftsjahrs 1939 oder des Wirtschaftsjahrs 1938/1939.

(5) Die Spar- und Darlehnskasse kann trotzdem noch zu den Kreditgenossenschaften gerechnet werden, wenn im maßgebenden Wirtschaftsjahr die Rohgewinne aus dem Warengeschäft nur wenig höher waren als die Rohgewinne aus dem Geld- und Kreditgeschäft, und wenn in den beiden vorausgegangenen Wirtschaftsjahren die Rohgewinne aus dem Geld- und Kreditgeschäft überwogen haben.

(6) Die Rohgewinne aus dem Geld- und Kreditgeschäft bestehen in dem Unterschied zwischen den Zinseinnahmen und den Zinsaufwendungen.

(7) Alle Zinsen aus dem Geld- und Kreditgeschäft, insbesondere die Zinsen für ausgeliehene Gelder, gehören zu den Zinseinnahmen, soweit es sich nicht um reine Warenkredite handelt. Auch die Erträge aus Beteiligungen an anderen Kreditinstituten gehören zu den Zinseinnahmen.

(8) Alle Zinsen für die hereingenommenen Gelder gehören zu den Zinsaufwendungen. Es ist davon auszugehen, daß die in der Verlust- und Gewinnrechnung ausgewiesenen Zinsaufwendungen aus dem Geld- und Kreditverkehr herrühren. Zinsen, die für Warenkredite gezahlt werden, sind auszuscheiden, wenn im Einzelfall feststeht, daß sie unter den Zinsaufwendungen enthalten sind.

(9) Eine Genossenschaft kann ohne weitere Prüfung zu den Kreditgenossenschaften im Sinne des § 3 der Verordnung gerechnet werden, wenn ihr das Reichsaufsichtsamt für das Kreditwesen bescheinigt hat, daß das Kreditgeschäft überwiegt. Der Hauptgeschäftszweig braucht auch dann nicht ermittelt zu werden, wenn die Spar- und Darlehnskasse für Einlagen, die bei ihr gemacht werden, den für Kreditgenossenschaften zulässigen Zinsvoraus vergütet.

d. Warengenossenschaften mit Spargeschäft

Warengenossenschaften und Verbrauchergenossenschaften, die neben ihrem üblichen Geschäftsbetrieb auch das Spargeschäft betreiben, gehören nicht zu den Kreditgenossenschaften im Sinne des § 4 der Verordnung.

F. Zentralkassen

(1) Die Körperschaftsteuer der Zentralkassen wird ebenfalls auf ein Drittel ermäßigt, wenn Kredite ausschließlich an ihre Mitglieder gewährt werden. Das gilt auch für die Zentralen, die in Form einer Kapitalgesellschaft betrieben werden.

(2) Die Zentralkassen werden steuerlich begünstigt, wenn sie sich auf ihre eigentlichen genossenschaftlichen Aufgaben beschränken. Das ist anzunehmen, wenn von der Gesamtsumme der Ausleihungen und von den Gesamtverpflichtungen mindestens 80 v. H. auf genossenschaftliche Mitglieder der Zentralkasse und auf die Deutsche Zentralgenossenschaftskasse als genossenschaftliches Spitzeninstitut entfallen. Es kommt nicht darauf an, ob die genossenschaftlichen Mitglieder der Zentralkasse steuerbegünstigt oder voll körperschaftsteuerpflichtig sind.

(3) Es sind den Ausleihungen zuzurechnen: Forderungen aus übernommenen Bürgschaften, aus anderen Haftungen und aus Diskontwechseln, ohne Rücksicht darauf, ob die Wechsel zum Bestand gehören oder rediskontiert sind. Guthaben bei anderen Kreditinstituten (Nostro-Guthaben) sind nicht als Ausleihungen anzusehen.

(4) Verbindlichkeiten aus übernommenen Bürgschaften und aus anderen Haftungen und Verpflichtungen aus Indossamenten gehören auch zu den Gesamtverpflichtungen.

(5) Die Bilanz auf den Schluß des Wirtschaftsjahrs ist maßgebend. Es kann auch der Jahresdurchschnitt nach den Monatsbilanzen oder Zweimonatsbilanzen genommen werden, wenn sich im Laufe des Wirtschaftsjahrs erhebliche Schwankungen ergeben sollten.

(6) Genossenschaftliche Mitglieder sind Genossenschaften und Genossenschaftszentralen, die Anteile oder Aktien der Zentralkasse besitzen. Das gilt auch für Genossenschaftszentralen, die die Form einer Kapitalgesellschaft haben.

G. Warenrückvergütungen

a. Begriff

(1) Genossenschaften gewähren nach Schluß des Geschäftsjahrs ihren Mitgliedern auf Waren, die sie im abgelaufenen Geschäftsjahr bezogen haben, eine so-

genannte Warenrückvergütung, die auch Kaufpreisrückvergütung oder Kundengewinn genannt wird. Nachzahlungen, die bei Lieferungen oder Leistungen der Mitglieder an die Genossenschaft an Stelle von Warenrückvergütungen gewährt werden und Rückzahlungen, die bei Erhebung von Unkostenbeiträgen geleistet werden, sind wie Warenrückvergütungen zu behandeln.

(2) Warenrückvergütungen im Sinne des § 3 der Verordnung liegen vor

a) wenn in den Satzungen der Genossenschaft dem Mitglied ein Anspruch auf die Warenrückvergütung eingeräumt ist oder

b) wenn die Warenrückvergütung vertraglich durch Beschluß der Verwaltungsorgane der Genossenschaft festgelegt und der Beschluß den Genossen bekanntgegeben wird oder

c) wenn die Warenrückvergütung in der Mitgliederversammlung beschlossen wird, die den Jahresüberschuß verteilt.

(3) Warenrückvergütungen sind Gewinne oder nachträglich gewährte Preisnachlässe.

(4) Ein sofortiger Preisnachlaß wird als Rabatt bezeichnet. Der Rabatt wird unmittelbar vom Rechnungsbetrag abgezogen, oder es werden Spar- oder Rabattmarken ausgegeben. Der Rabatt ist abzugsfähige Betriebsausgabe.

(5) § 5 des Rabattgesetzes vom 25. November 1933 (RGBl. I S. 1011) gemäß dürfen Verbrauchergenossenschaften eine höhere Rückvergütung als 3 v. H. nicht gewähren. Sie sind wegen der Höhe der Warenrückvergütungen denselben Beschränkungen unterworfen wie der Einzelhandel wegen des Rabatts. Warenrückvergütungen der Verbrauchergenossenschaften, die bei Beginn des Wirtschaftsjahrs dem Grunde und der Höhe nach feststehen und demgemäß dem Genossen bei Bezug der Ware einen genau bezeichneten Rechtsanspruch auf die Auszahlung der Warenrückvergütung gewähren, sind wie Rabatte zu behandeln, d. h. sie sind abzugsfähige Betriebsausgaben.

b. Umfang des Abzugs der Warenrückvergütungen

(1) Warenrückvergütungen sind § 5 der Verordnung gemäß in bestimmtem Umfang abzugsfähig.

(2) Warenrückvergütungen sind § 5 Absatz 1 gemäß in dem Verhältnis abzugsfähig, in dem die Umsätze mit Mitgliedern zum Gesamtumsatz stehen. Es wird dabei als Mitgliederumsatz der Umsatz zugrundegelegt, den die Genossenschaft als solchen nachweist.

(3) Die § 5 Absatz 1 gemäß abzugsfähigen Warenrückvergütungen sind jedoch § 5 Absatz 2 gemäß insoweit nicht abzugsfähig, als der Gesamtbetrag der ausgeschütteten Gewinnanteile hinter dem Betrag einer angemessenen Verzinsung des Eigenkapitals zurückbleibt. Als angemessene Verzinsung im Sinne des § 5 Absatz 2 ist bis auf weiteres der Satz von 5 v. H. anzusehen.

(4) Eigenkapital sind die Geschäftsguthaben und die offenen Rücklagen. Die Steuerbilanz am Ende des Wirtschaftsjahrs ist maßgebend.

(5) Die Berechnung des steuerpflichtigen Einkommens geht aus dem folgenden Beispiel hervor.

Beispiel: Es sind von dem Reingewinn nach der Bilanz mit 1500 RM

a) 4 v. H. als Dividende auf 20 000 RM Geschäftsguthaben ausgeschüttet	*800 RM*	
b) der gesetzl. Rücklage	*700 RM*	
zugeführt.		*1500 RM*

Die Warenrückvergütungen von 4000 RM sind von dem Reingewinn abgezogen.

An Warenvergütungen sind nur abzugsfähig:

Übertrag: 1500 RM

Übertrag: 1500 RM

a) *§ 5 Absatz 1 der Verordnung gemäß Gesamtumsatz . . . 400 000 RM*
Umsatz mit Mitgliedern . . . 350 000 RM
Abzugsfähige Warenrückvergütungen im Verhältnis von $\frac{350\,000 \cdot 4000}{400\,000}$ *. . . . . . 3500 RM*
Es sind dem Reingewinn zuzurechnen 500 RM

b) *§ 5 Absatz 2 der Verordnung gemäß Geschäftsguthaben 20 000 RM*
offene Rücklagen . . . . 14 000 RM
Eigenkapital . . 34 000 RM
Angemessene Verzinsung des Eigenkapitals 5 v. H. . . . 1700 RM
Ausgeschüttete Dividende . 800 RM
Nichtabzugsfähige Warenrückvergütungen, die dem Reingewinn zuzurechnen sind . . . . 900 RM
Steuerpflichtiges Einkommen 2900 RM

H. Steuerliche Anfangsbilanz

(1) Genossenschaften, die schon bisher voll körperschaftssteuerpflichtig waren oder zur Gewerbesteuer herangezogen wurden, haben § 6 Absatz 1 und 2 der Verordnung gemäß die Werte der Steuerbilanz oder ihrer steuerlich berichtigten Handelsbilanz fortzuführen.

(2) Die anderen Genossenschaften haben grundsätzlich die Handelsbilanz als steuerliche Anfangsbilanz zu übernehmen (§ 6 Absatz 3 der Verordnung). Es soll aber einer Genossenschaft, die z. B. in ihrer Handelsbilanz in der Zeit ihrer Steuerbegünstigung ihre Wirtschafts-

güter stark abgeschrieben hat, für die Zukunft die Abschreibungsmöglichkeit nicht ganz genommen werden. Die Genossenschaft kann in diesen Fällen von den niedrigeren Handelsbilanzwerten auf den Teilwert heraufgehen. § 6 Absatz 3 der Verordnung stellt jedoch klar, daß über die Anschaffungs- oder Herstellungskosten, abzüglich der Absetzungen für Abnutzung, nicht hinausgegangen werden darf.

(3) Als Anschaffungs- oder Herstellungskosten gelten bei Wirtschaftsgütern, die vor dem 1. Januar 1925 angeschafft oder hergestellt worden sind, die Beträge, die der Steuerpflichtige am 1. Januar 1925 für die Anschaffung hätte aufwenden müssen.

J. Inkrafttreten

(1) Die neuen Bestimmungen gelten § 7 der Verordnung gemäß schon für die Veranlagung für 1939. Es ist demgemäß bei der Veranlagung für 1939 nach diesem Erlaß zu verfahren.

(2) Es ist nur noch für die landwirtschaftlichen Nutzungs- und Verwertungsgenossenschaften im Sinne des § 2 der Verordnung von Bedeutung, ob sie sich mit ihren Geschäften auf den Kreis der Mitglieder beschränken. Die Frage, ob die Nichtmitgliedergeschäfte dieser Genossenschaften steuerunschädlich sind, ist nach Buchstabe B dieses Erlasses zu entscheiden.

(3) Die steuerliche Begünstigung der Kreditgenossenschaften hing nach bisherigem Recht davon ab, ob sie sich mit allen ihren Geschäften auf den Kreis der Mitglieder beschränkten. In Zukunft kommt es für die steuerliche Begünstigung der Kreditgenossenschaften nur noch darauf an, ob sie Kredite an ihre Mitglieder gewähren. Sie sind demgemäß in der Hereinnahme von Geldern keinen Beschränkungen unterworfen. Was unter Krediten im Sinne des § 4 der Verordnung zu verstehen ist, ergibt sich ausschließlich aus Buchstabe E b dieses Erlasses.

(4) Die Steuerpflicht der Genossenschaften für 1938 und für frühere Jahre richtet sich nach den bisherigen

Vorschriften und Verwaltungserlassen. Bei Prüfung der Steuerpflicht für die Vergangenheit ist nicht kleinlich zu verfahren. Das gilt insbesondere bei Kreditgenossenschaften wegen der Frage, ob übermäßige Spareinlagen hereingenommen worden sind.

(5) Die Rückwirkung der Verordnung auf 1939 kann zu Härten führen, wenn eine Genossenschaft Geschäfte machte oder über ihre Überschüsse verfügte, ohne mit einer Steuerpflicht zu rechnen.

> *Beispiel: Eine Zentralkasse lieh größere Beträge an nichtgenossenschaftliche Mitglieder aus. Von der Gesamtsumme dieser Ausleihung entfallen nur 75 v.H. auf genossenschaftliche Mitglieder. Die Zentralkasse wäre Buchstabe F Absatz 2 dieses Erlasses gemäß voll körperschaftsteuerpflichtig.*

In diesen und ähnlichen Fällen können Härten § 131 AO. gemäß im Billigkeitswege beseitigt werden.

Hinsichtlich der Vereinfachung in der Besteuerung der Genossenschaften hat der RFM. unter dem 1. Oktober 1944 — S 2515 — 77 III — (RStBl. 1944 S. 625 Nr. 484) folgenden Runderlaß erlassen:

Ich bestimme im Einvernehmen mit dem Reichswirtschaftsminister und dem Reichsminister des Innern auf Grund des § 23 KStG. das Folgende:

1. Voraussetzung für die Steuerbefreiung der landwirtschaftlichen Nutzungs- und Verwertungsgenossenschaften § 2 KStGenV. gemäß ist unter anderem, daß die Bearbeitung oder Verwertung der von den Mitgliedern selbstgewonnenen Erzeugnisse im Bereich der Land- oder Forstwirtschaft liegt.

Es ist bei neu auftretenden Zweifelsfällen davon auszugehen, daß diese Voraussetzung erfüllt ist, wenn die Genossenschaft einem landwirtschaftlichen Prüfungsverband zugehört. Landwirtschaftliche Prüfungsverbände sind die Prüfungsverbände, die dem Reichsverband der deutschen landwirtschaftlichen Genossenschaften — Raiffeisen — e. V. angeschlossen sind.

Bei abgeschlossenen Fällen verbleibt es bei der getroffenen Entscheidung.

2. *Abschnitt 8 KStER. für 1940 (RStBl. 1941 S. 161 Nr. 171) bestimmt:*

Ländliche Genossenschaften, bei denen nach Art und Umfang ihres Betriebes in der Regel nur kleine Gewinne entstehen, sind zur Körperschaftsteuer nicht zu veranlagen, wenn anzunehmen ist, daß der steuerliche Gewinn für 1940 750 RM nicht übersteigt. Es ist in diesen Fällen auch von einer Veranlagung zur Gewerbesteuer abzusehen, wenn anzunehmen ist, daß das Gewerbekapital 10 000 RM nicht übersteigt. Bei der Veranlagung der ländlichen Genossenschaften, deren Gewinn 750 RM, aber nicht 2000 RM übersteigt, ist großzügig zu verfahren. Wenn die Ermittlung des Einkommens auf Schwierigkeiten stößt ist von der Möglichkeit der Pauschalierung § 21 KStG. gemäß weitgehend Gebrauch zu machen.

Diese Bestimmung ist sinngemäß auch bei der Veranlagung zur Körperschaftsteuer 1943 und nicht nur auf ländliche Genossenschaften, sondern auf alle Genossenschaften anzuwenden. An die Stelle des Betrags von 2000 RM tritt der Betrag von 3000 RM.

3. *Ich beabsichtige, die Vorschrift des § 5 KStGenV. bei Gelegenheit wie folgt zu ändern:*

„Die den Mitgliedern gewährten Warenrückvergütungen dürfen bei der Ermittlung des steuerpflichtigen Gewinns bis zur Höhe von drei vom Hundert des Umsatzes mit Mitgliedern abgezogen werden, jedoch nur in dem Verhältnis, in dem die Umsätze mit Mitgliedern zum Gesamtumsatz stehen. Das gilt auch, wenn eine Genossenschaft Nichtmitgliedern Warenrückvergütungen gewährt. Die Warenrückvergütungen an Nichtmitgliedern sind bis zur Höhe von drei vom Hundert des Umsatzes mit Nichtmitgliedern abzugsfähig."

Ich bitte, nach dieser Vorschrift bereits ab dem Veranlagungszeitraum 1943 zu verfahren. Das gilt auch hinsichtlich des Steuerabzugs vom Kapitalertrag. In den Fällen, in denen der Steuerabzug vom Kapitalertrag nach den bisherigen Vorschriften bereits vorgenommen ist, verbleibt es dabei. Eine Berichtigung ist nicht vorzunehmen.

4. *Die Steuerbefreiung § 2 KStGenV. gemäß und die Steuervergünstigung § 3 KStGenV. gemäß setzen voraus, daß der Geschäftsbetrieb der Genossenschaft sich auf den Kreis ihrer Mitglieder oder auf die Bearbeitung oder Verwertung von selbst gewonnenen Erzeugnissen oder von selbst hergestellten Waren ihrer Mitglieder beschränkt.*

   Die Prüfung, daß die geforderten Voraussetzungen erfüllt sind, obliegt nur den genossenschaftlichen Prüfungsverbänden. Versichert eine Genossenschaft in der Körperschaftsteuererklärung, daß die geforderten Voraussetzungen vorliegen, so hat das Finanzamt bei der Körperschaftsteuerveranlagung davon auszugehen, daß diese Versicherung zutrifft. Die Genossenschaft hat dem Finanzamt innerhalb von drei Jahren nach Abgabe der Körperschaftsteuererklärung eine Bescheinigung ihres Prüfungsverbands darüber einzureichen, daß die Voraussetzungen erfüllt sind. Die Veranlagung muß berichtigt werden, wenn der Prüfungsverband die Bescheinigung innerhalb dieser Frist nicht erteilt.

5. *Bestehen im Einzelfall Zweifel, ob eine Genossenschaft als Kreditgenossenschaft im Sinne des § 4 KStGenV. anzuerkennen ist, so hat das Finanzamt die Entscheidung des zuständigen genossenschaftlichen Prüfungsverbandes einzuholen. Die Entscheidung des Prüfungsverbandes ist für das Finanzamt verbindlich.*

Die Bestimmungen in Ziffern 4 und 5 gelten bereits ab dem Veranlagungszeitraum 1943.

Aus der Rechtsprechung des RFH.

Zu § 2a KStGenV.

Zur Frage der Steuerpflicht der von einer eGmbH. betriebenen Spritzbrühanlage.

(RFH.-Urteil vom 9. April 1943 I 209/42, RStBl. 1943 Nr. 371)

Zu § 2b KStGenV.

Zur Frage der Steuerpflicht der von einer Genossenschaft betriebenen Kartoffelstärkemehl- und Kartoffelflockenfabrik.

(RFH.-Urteil vom 7. Dezember 1943 I 172/43, RStBl. 1944 Nr. 155)

Eine landwirtschaftliche Genossenschaft, welche aus dem von den Mitgliedern gelieferten Rohharz und aus weiteren, von Nichtmitgliedern erworbenen Zusätzen Leimharz, Harzleim, Harzstarköl und Brauerpech herstellt, ist nicht von der Körperschaftsteuer befreit.

(RFH.-Urteil vom 20. Dezember 1940 I 420/40, RStBl. 1941 Nr. 191)

Genossenschaftliche Mühlenbetriebe können die Voraussetzungen für die Steuerfreiheit erfüllen.

(RFH.-Urteil vom 30. April 1941 I 22/41, RStBl. 1941 Nr. 778)

Zu § 4 KStGenV.

Wird einer Genossenschaft die Steuervergünstigung des § 4 KStGenV. versagt, so darf daraus nicht ohne weiteres geschlossen werden, daß die Genossenschaft kein Kreditinstitut im Sinne des § 21 der Dritten GewStDV. ist.

RFH.-Urteil vom 3. Februar 1942 I 129/41, RStBl. 1942 Nr. 475)

Zu § 5 KStGenV.

Unter „Gesamtumsatz" im Sinne des § 5 KStGenV. ist die Summe der bei der Umsatzsteuerveranlagung zugrunde gelegten steuerpflichtigen und steuerfreien Umsätze zu verstehen. Die „Umsätze mit Mitgliedern" sind aus Sparmarken und aus Eintragungen in Konten oder in besonderen Heften, welche die Mitglieder beim einzelnen Geschäft vorlegen, festzustellen.

(RFH.-Urteil vom 7. März 1944 I 185/43, RStBl. 1944 Nr. 404)

Zum Eigenkapital im Sinne des § 5 Absatz 2 KStGenV. gehören die Geschäftsguthaben der Genossen in der Höhe des Bestandes zu Beginn des Wirtschaftsjahres.

(RFH. Urteil vom 4. März 1942 I 68/41, RStBl. 1942 Nr. 402)

Als Warenrückvergütungen im Sinne der KStGenV. vom 8. Dezember 1939 (RStBl. S. 1189) sind Ausschüttungen anzusehen, die den Mitgliedern einer Genossenschaft nach Maßgabe der von ihnen erzielten Umsätze gewährt werden.

(RFH.-Urteil vom 28. April 1942 I 114/41, RStBl. 1942 Nr. 502)

Zu § 23 KStG.

Genossenschaften der gewerblichen Wirtschaft haben nur dann Anspruch auf die Steuervergünstigung des § 3 der KStGenV. vom 8. Dezember 1939, wenn sich ihr Geschäftsbetrieb auf die dort bezeichneten Tätigkeitsgebiete beschränkt.

(RFH.-Urteil vom 3. März 1942 I 7/42, RStBl. 1942 Nr. 647)

In Genossenschaftsform gekleidete Käseschmelzereien, die von den ihnen angeschlossenen Genossenschaften Käse ankaufen und weiterbearbeiten, können die Steuerbefreiung nach § 2 der VO. über die Körperschaftsteuer der Erwerbs- und Wirtschaftsgenossenschaften vom 8. Dezember 1939 nicht in Anspruch nehmen.

RFH.-Urteil vom 14. Januar 1941 I 449/40, RStBl. 1941 Nr. 231)

Landwirtschaftliche Genossenschaften genießen nach § 2 der VO. vom 8. Dezember 1939 nur dann Steuerfreiheit, wenn sich ihr Geschäftsbebetrieb auf die dort bezeichneten steuerbegünstigten Tätigkeitsgebiete beschränkt.

(RFH.-Urteil vom 14. Januar 1941 I 450/40, RStBl. Nr. 232)

Ländliche Spar- und Darlehnskassen, die außer dem Geld- und Kreditgeschäft noch andere Geschäfte (Warengeschäft, Vermietung landwirtschaftlicher Maschinen u. dgl.) betreiben, sind als Kreditgenossenschaften im Sinne des § 4 KStGenV. vom 8. Dezember 1939 (RGBl. I S. 2391) anzusehen, wenn das Geld- und Kreditgeschäft ihr Hauptgeschäft ist.

Das Geld- und Kreditgeschäft bildet den Hauptgeschäftszweig, wenn die Rohgewinne aus diesem Geschäft höher sind als die Rohgewinne aus den anderen Geschäften.

Die Rohgewinne aus dem Warengeschäft bestehen in dem Unterschied zwischen den Wareneinkaufskosten und den Warenverkaufskosten.

Die Zurechnung der Warenkreditzinsen zu den Rohgewinnen aus dem Warengeschäft oder zu jenen aus dem Geld- und Kreditgeschäft hängt davon ab, ob der Kredit sich auf die einzelne Warenlieferung bezieht und innerhalb der geschäftsüblichen Frist abgedeckt wird oder ob die Genossenschaft freiwillig die Kaufpreisschuld auf längere Zeit stehenläßt.

(RFH.-Urteil vom 5. August 1941 I 102/41, RStBl. 1941 Nr. 779)

Beschränkt sich die Tätigkeit einer Zentrale landwirtschaftlicher Genossenschaften darauf, den von den angeschlossenen steuerbegünstigten Meiereigenossenschaften hergestellten Frischkäse zur Reife zu bringen und den reifen Käse zu verkaufen, so ist sie nach § 2 KStGenV. (RGBl. I S. 2391, RStBl. 1939 S. 1189) steuerbefreit.

(RFH.-Urteil vom 21. Oktober 1941 I 230/41, RStBl. 1941 Nr. 979)

Seit dem Inkrafttreten der VO. vom 8. Dezember 1939 (RGBl. I S. 2391, RStBl. 1939 S. 1189) sind bei Genossenschaften Warenrückvergütungen (ebenso Nachzahlungen und Rückzahlungen), soweit sie nicht bei der Veranlagung zur Körperschaftsteuer abzugsfähig sind, als Gewinnausschüttungen anzusehen, die dem Steuerabzug vom Kapitalertrag unterliegen.

(RFH.-Urteil vom 9. Juli 1940 I 239/40, RStBl. 1940 Nr. 743)

Schlußbestimmungen.

Aufhebung und Abänderung von Gesetzen

Jede mit dem gegenwärtigen Gesetz unvereinbare deutsche steuergesetzliche Vorschrift wird aufgehoben oder den Bestimmungen des gegenwärtigen Gesetzes entsprechend geändert.

Zeitpunkt des Inkrafttretens der Steuersätze

Die in diesem Gesetz bestimmten Steuersätze finden ab 1. Januar 1946 Anwendung.

Anhang A

Steuerfreiheit gemeinnütziger und mildtätiger Körperschaften

Rderl. des RdF vom 15. Juli 1939 (S 1291 — 118 III R)

I. Beseitigung von Mängeln der Satzungen

1. Gesetzliche Grundlagen

Nach § 4 Absatz 1 Ziffer 6 KStG, § 3 Ziffer 6 GewStG., § 3 Absatz 1 Ziffer 6 VStG. und § 5 Ziffer 1 AufbrUmlVO. sind Körperschaften, Personenvereinigungen und Vermögensmassen (im folgenden abgekürzt: Körperschaften), die nach der Satzung, Stiftung oder sonstigen Verfassung und nach ihrer tatsächlichen Geschäftsführung ausschließlich und unmittelbar gemeinnützigen und mildtätigen Zwecken dienen, von der Körperschaftsteuer, Gewerbesteuer, Vermögensteuer und Aufbringungsumlage befreit. Die Voraussetzungen für die Steuerbefreiung finden sich im einzelnen in den §§ 9 bis 11 der Ersten KStDVO., im § 7 der Zweiten GewStDVO. und in den §§ 1 bis 3 VStDB. 1935. Hiernach muß u a. satzungsgemäß vorgeschrieben und tatsächlich sichergestellt sein, daß bei Auflösung der Körperschaft oder bei Wegfall ihrer bisherigen Zwecke ihr Vermögen für gemeinnützige oder mildtätige Zwecke verwendet wird.

2. Satzungsmängel, Rechtsprechung des Reichsfinanzhofs

In den Satzungen vieler Körperschaften, die sich auf dem Gebiet der freien Wohlfahrtspflege oder in sonstiger gemeinnütziger oder mildtätiger Weise im Sinne der §§ 17, 18 StAnpG. betätigen, fehlt es zur Zeit noch an einer den gesetzlichen Vorschriften genügenden Bestimmung über die Vermögensverwendung. Diese Körperschaften sind daher, wenn sie die Steuerbefreiung in Anspruch nehmen wollen, zu einer entsprechenden Ergänzung ihrer Satzung gezwungen.

Manche Körperschaften haben in ihren Satzungen lediglich bestimmt, daß ihr Vermögen bei Auflösung oder Wegfall der bisherigen Zwecke zu gemeinnützigen oder (und) mildtätigen Zwecken zu verwenden ist. Der Reichsfinanzhof hat jedoch eine solche Bestimmung in dem Urteil RStBl. 1938 S. 828 Nr. 738 für nicht ausreichend erklärt. Der Verwendungszweck müsse vielmehr in der Satzung so genau bezeichnet werden, daß er nach den §§ 17 und 18 StAnpG. auf seine Gemeinnützigkeit usw. nachgeprüft werden kann. Ferner hat der Reichsfinanzhof in dem Urteil RStBl. 1938 S. 810 Nr. 717 ausgesprochen, bei Vereinen sei mit Rücksicht darauf, daß sie ihre Satzung jederzeit ändern können, mit besonderer Sorgfalt zu prüfen, ob insbesondere die Verwendung des Vermögens für steuerbegünstigte Zwecke sichergestellt ist.

In der Mehrzahl aller Fälle wird man ohne weiteres den Verwendungszweck für das Vermögen einer gemeinnützigen usw. Körperschaft bei deren Auflösung oder bei Wegfall der bisherigen Zwecke auch im voraus so genau bestimmen können, wie es der Reichsfinanzhof verlangt. So würde es z. B. stets genügen, wenn die Satzungen vorschreiben, daß das Vermögen in den beiden genannten Fällen den mit sozialen Aufgaben besonders betrauten Dienststellen der Reichs-, Staats- und Gemeindebehörden (z. B. Landeshauptmann) zufallen soll. Auch eine Zuwendung an das Deutsche Rote Kreuz genügt, da § 2 des Gesetzes über das Deutsche Rote Kreuz vom 9. Dezember 1937 (RGBl. I S. 1330, RStBl. 1937 S. 1249) bestimmt: „Das Deutsche Rote Kreuz dient gemeinnützigen und mildtätigen Zwecken".

Nach § 17 StAnpG. kann eine Körperschaft nur dann als gemeinnützig anerkannt werden, wenn sie das Wohl der Deutschen Volksgemeinschaft fördert. Nach § 18 StAnpG. sind mildtätig solche Zwecke, die ausschließlich und unmittelbar darauf gerichtet sind, bedürftige Deutsche Volksgenossen zu unterstützen. Es sind Zweifel darüber entstanden, ob die Steuerbefreiung zu versagen ist, wenn die Satzungen nicht ausdrücklich klarstellen, daß nur Deutsche Volksgenossen gefördert werden sollen. Diese Frage ist zu verneinen. Im Abschnitt B 1 Absatz 2 meines Runderlasses (L 1410 — 20 III/S 2512—140 III und L 1107—15 III/S 3504—80 I II) vom 25. April 1939 über die „Steuerliche Behandlung der Krankenanstalten“ (RStBl. 1939 S. 639) habe ich mich § 131 AO. gemäß damit einverstanden erklärt, daß Krankenanstalten die Steuerbefreiung nicht versagt wird, wenn sie im Einzelfall auch Personen aufnehmen, die nicht zur Deutschen Volksgemeinschaft gehören, die aber auf diese Anstalten angewiesen sind oder von öffentlichen Fürsorgeverbänden dorthin überwiesen werden. Diese Regelung wird hiermit auf die übrigen gemeinnützigen und mildtätigen Anstalten und Körperschaften ausgedehnt.

3. Bestimmung über die Vermögensverwendung erst in der Zukunft

Einige Stellen haben darauf hingewiesen, daß es bei großen Anstalten, die verschiedenen gemeinnützigen, mildtätigen und kirchlichen Zwecken dienen, schwierig sei, eine Bestimmung über die Vermögensverwendung jahrelang vor der Auflösung zu treffen, also zu einem Zeitpunkt, wo es noch nicht einmal feststehe, ob der genannte Zweck später überhaupt noch verfolgt werden könne. Man hat für derartige Fälle eine Regelung beantragt, bei der die genauen Zwecke der Vermögensverwendung erst im Zeitpunkt der Auflösung oder erst bei Wegfall der bisherigen Zwecke festgelegt werden können.

Ich will mich dieser Bitte nicht verschließen, zumal heute noch nicht zu übersehen ist, für welche Art gemeinnütziger oder mildtätiger Betätigung später ein besonderes Bedürfnis besteht, das eine vorzugsweise Befriedigung verdient.

Ich erkläre mich daher bis auf weiteres mit folgendem Verfahren einverstanden:

a) Jede Körperschaft, die auf Grund der steuerlichen Vorschriften über Gemeinnützigkeit und Mildtätigkeit Steuerfreiheit in Anspruch nehmen will, muß in ihren Satzungen allgemein vorschreiben, daß bei ihrer Auflösung oder beim Wegfall der bisherigen Zwecke ihr Vermögen, soweit die Steuergesetze keine Einschränkung vorsehen (Hinweis z. B. auf § 10 Absatz 1 Ziffer 3a der Ersten KStDVO.), für gemeinnützige und mildtätige Zwecke im Sinne der §§ 17 und 18 StAnpG. zu verwenden ist.

b) Außerdem müssen die Satzungen ein Verfahren vorschreiben, durch das die spätere ausschließliche und unmittelbare Verwendung des Vermögens zu gemeinnützigen und mildtätigen Zwecken sichergestellt wird.

Eine solche Sicherstellung kann angenommen werden, wenn die Satzungen das folgende bestimmen:

„Beschlüsse über die Verwendung des Vermögens bei Auflösung der Körperschaft sowie Beschlüsse über Satzungsänderungen, die die Zwecke der Körperschaft und deren Vermögensverwendung betreffen, sind vor dem Inkrafttreten dem zuständigen Finanzamt mitzuteilen."

Das Finanzamt kann dann nachprüfen, ob die Steuerbefreiung durch den Beschluß beeinträchtigt wird.

Wegen der Haftung der Vertreter der Körperschaften und der den Vertretern gleichgestellten Personen bei Unterlassung einer solchen Mitteilung usw. Hinweis auf §§ 103 bis 112 AO.

c) Wenn es zweifelhaft ist, ob bei Auflösung der Körperschaft durch die beabsichtigte Vermögensverwendung gemeinnützige oder mildtätige Zwecke gefördert werden oder ob das auch noch bei Wegfall der bisherigen Zwecke, d. h. nach Änderung der bisherigen Zweckbestimmung, zutrifft, dann soll das Finanzamt hierüber mit der Körperschaft verhandeln und eine Einigung anstreben. Gelingt das nicht, dann hat das Finanzamt vor seiner Entscheidung ein Gutachten der staatlichen Behörde einzuholen, deren Aufsicht die Körperschaft untersteht. Untersteht die Körperschaft keiner besonderen behördlichen Aufsicht, dann hat das Finanzamt ein Gutachten des zuständigen Regierungspräsidenten oder der ihm entsprechenden staatlichen Verwaltungsbehörde einzuholen.

4. Reichsspitzenverbände der freien Wohlfahrtspflege

Als Reichsspitzenverbände der freien Wohlfahrtspflege gelten:

a) der Central-Ausschuß für die Innere Mission der Deutschen Evangelischen Kirche, Berlin-Dahlem, Reichensteiner Weg 24,

b) der Deutsche Caritasverband E. V., Freiburg (Breisgau), Werthmann-Haus.

Körperschaften, die einem dieser Reichsspitzenverbände angeschlossen sind, können bei der Einreichung ihres Beschlusses über die Vermögensverwendung oder über die Änderung ihrer Zweckbestimmung dem Finanzamt eine Stellungnahme (am besten dreifach) des in Betracht kommenden Reichsspitzenverbandes beifügen.

Wenn das Finanzamt nach Abschnitt I 3 c ein Gutachten der Aufsichtsbehörde oder der zuständigen Verwaltungsbehörde einholt, hat es die Stellungnahme des Reichsspitzenverbandes diesen Behörden mitzuteilen.

Bei etwa erforderlich werden Verhandlungen über die Vermögensverwendung oder die Änderung der Zweckbestimmung ist der Reichsspitzenverband auf seinen Antrag zu beteiligen.

5. Bescheid des Finanzamts, Rechtsmittel

Stimmt das Finanzamt dem Beschluß der Körperschaft über die beabsichtigte Vermögensverwendung oder Änderung der Zweckbestimmung zu, dann hat es der Körperschaft mitzuteilen, daß es gegen den Beschluß keine Einwendungen erhebt und daß die Steuerfreiheit dadurch nicht berührt wird.

Ergibt die Prüfung des Finanzamts jedoch, daß durch den Beschluß keine gemeinnützigen oder mildtätigen Zwecke gefördert werden und führen Verhandlungen hierüber zu keiner Einigung, dann hat das Finanzamt der Körperschaft einen Bescheid zu erteilen, daß ihre Steuerbefreiung durch den Beschluß beeinträchtigt wird und daß die bisher unterbliebenen Steuerfestsetzungen nachgeholt werden müssen (Hinweis auf Abschnitt I 6). Gegen diesen Bescheid ist die Beschwerde gegeben (§§ 237, 303 ff. AO.).

Wird die Entscheidung des Finanzamts durch die Beschwerdeentscheidung des Oberfinanzpräsidenten, die § 304 Absatz 4 AO. gemäß endgültig ist, bestätigt, dann hat die Körperschaft binnen einem Monat nach Empfang der Beschwerdeentscheidung dem Finanzamt zu erklären, ob sie an dem steuerschädlichen Beschluß festhält. Trifft das zu, dann sind die bisher unterbliebenen Steuerfestsetzungen nachzuholen (Hinweis auf Abschnitt I 6).

6. Nachholung unterbliebener Steuerfestsetzungen

Das in den Abschnitten I 3 bis 5 behandelte Verfahren stellt eine von der Reichsfinanzverwaltung freiwillig gewährte Steuervergünstigung dar, da die gesetzlichen Voraussetzungen für die Steuerbefreiung gemeinnütziger und mildtätiger Körperschaften hinsichtlich der Satzungsvorschriften zunächst nicht erfüllt sind. Bei der Gewährung dieser Steuervergünstigung wird unterstellt, daß die Satzungsmängel, bevor sie sich ausgewirkt haben, beseitigt werden.

Diese Erwartung tritt jedoch nicht ein, wenn eine Körperschaft ihren steuerschädlichen Beschluß aufrechterhält. Darum müssen in diesem Fall die bisher unterbliebenen Steuerfestsetzungen nachgeholt werden (§ 4 Absatz 3 Ziffer 2 in Verbindung mit § 1 Absatz 3 StAnpG.).

Bei der Nachholung der bisher unterbliebenen Steuerfestsetzungen handelt es sich nicht um Steuernachforderungen im Sinne des § 223 AO. Deshalb werden sie durch die Verjährungsfrist nicht begrenzt. Würden in solchen Fällen nur die noch nicht verjährten Steuern nachgefordert werden können, dann wäre ein Anreiz zu Steuerschiebungen gegeben, der ausgeschlossen werden muß.

Um bei der Nachholung der bisher unterbliebenen Steuerfestsetzungen die Besteuerung zu vereinfachen, erkläre ich mich § 220 Ziffer 3 und 4 AO. gemäß damit einverstanden, daß die nachzuholenden Steuern vom Finanzamt im Pauschweg ermittelt und vom Oberfinanzpräsidenten in einem Pauschbetrag festgesetzt werden. Wegen der Rechtsmittel Hinweis auf § 236 Absatz 2 AO.

In einem derartigen Fall könnte z. B. der Pauschbetrag für die Körperschaftsteuer in der Weise ermittelt werden, daß man bei Körperschaften, die schon vor dem 1. Januar 1934 (Inkrafttreten des Körperschaftsteuergesetzes 1934) bestanden haben, den seit dem 1. Januar 1934 erzielten Vermögenszuwachs zusammenfassend in einer Summe nachträglich als steuerpflichtigen Gewinn behandelt. Bei der Festsetzung des Steuerbetrages sind in der Zwischenzeit eingetretene Änderungen des Steuersatzes zu berücksichtigen.

Bei Körperschaften, die erst nach dem 1. Januar 1934 gegründet worden sind, kann als körperschaftsteuerpflichtiger Gewinn der Vermögenszuwachs angesehen werden, den eine Körperschaft im Laufe der Jahre über das ihr bei der Gründung gewidmete Vermögen hinaus erzielt hat.

7. Übergangsregelung

Körperschaften, die ihre Satzungen gemäß der vorstehenden Regelung ändern, ergänzen oder neu schaffen und die auch die sonstigen Steuerbefreiungsvorschriften erfüllen, soll für die Vergangenheit nur wegen der bisherigen Satzungsmängel die Steuerfreiheit nicht versagt werden, wenn sie dem Finanzamt ihren satzungsgemäß gefaßten Beschluß über die Änderung, Ergänzung oder Neuschaffung der Satzung bis zum 31. Dezember 1939 einreichen. Falls die Änderung, Ergänzung oder Neuschaffung der Satzung der Genehmigung der staatlichen Aufsichtsbehörde oder der Eintragung in das Vereinsregister bedarf, ist auch die Genehmigung oder Eintragung in das Vereinsregister dem Finanzamt nachträglich in beglaubigter Abschrift mitzuteilen.

Ich ermächtige ferner die Finanzämter, bereits rechtskräftig veranlagte Steuerbeträge, die hiernach nicht zu erheben gewesen wären, im Billigkeitsweg zu ermäßigen oder zu erlassen. Die Erstattung bereits gezahlter Steuern ist jedoch abzulehnen.

Wenn gemeinnützige und mildtätige Körperschaften, die die sonstigen Steuerbefreiungsvorschriften erfüllen, der vorstehenden Regelung gemäß auch ihre Satzungsmängel beseitigen, dann ist stets noch zu prüfen, ob nicht dadurch Steuerpflichten begründet werden, daß die Körperschaften wirtschaftliche Geschäftsbetriebe unterhalten. Hinweis auf Abschnitt II 1.

II. Begriff der Ausschließlichkeit und Unmittelbarkeit.

Nach den im Abschnitt I 1 dieses Erlasses angeführten gesetzlichen Vorschriften und nach §§ 17 ff. StAnpG. ist Voraussetzung für die Steuerbefreiung der hier in Betracht kommenden Körperschaften, daß sie ausschließlich und unmittelbar gemeinnützigen und mildtätigen Zwecken dienen.

1. Ausschließlichkeit

Manche Körperschaften haben sich im Laufe der Zeit Betriebe gewerblicher Art angegliedert, um mit deren Überschüssen ihre gemeinnützigen und mildtätigen Zwecke besser fördern zu können. Es sind Zweifel entstanden, ob in solchen Fällen die Steuerbefreiung stets zu versagen ist, weil wegen der gewerblichen Betätigung nicht ausschließlich gemeinnützige und mildtätige Zwecke verfolgt werden.

Bei der Entscheidung der Frage, ob im Sinne des Steuerrechts eine gemeinnützige oder mildtätige Körperschaft vorliegt, ist zunächst zu untersuchen, welche Aufgabe sich die Körperschaft in ihrer Satzung gestellt hat und wie diese in ihrer tatsächlichen Geschäftsführung erfüllt. Sind die Zwecke, die eine Körperschaft satzungsgemäß zu verfolgen hat, § 17 und § 18 StAnpG. gemäß als gemeinnützig oder mildtätig anzusprechen und ist auch die tatsächliche Geschäftsführung in ihrer Gesamtrichtung einzig und allein auf die Erfüllung dieser Zwecke eingestellt, dann ergibt sich daraus, daß andere als die in den §§ 17 und 18 StAnpG. bezeichneten Zwecke nicht verfolgt werden. Ob die Geschäftsführung tatsächlich in dem vorstehenden Sinne als gemeinnützig oder mildtätig anzusprechen ist, haben die Finanzämter von Zeit zu Zeit nachzuprüfen.

Zur Förderung gemeinnütziger und mildtätiger Zwecke werden in der Regel Geldmittel benötigt, die in verschiedener Weise aufgebracht werden können, z. B. durch Mitgliederbeiträge, Spenden, Stiftungen, Sammlungen usw. Der Grundsatz der Gemeinnützigkeit und Mildtätigkeit wird auch in den Fällen nicht verletzt, in denen eine Körperschaft oder Anstalt Minderbemittelte versorgt und von ihnen zur teilweisen Deckung ihrer Selbstkosten für ihre Leistungen ein geringes Entgelt verlangt, für das die Minderbemittelten anderswo keine gleichwertigen Leistungen erhalten können, z. B. beim Betrieb einer Volksküche (RStBl. 1937 S 1104 Nr. 827). In solchen Fällen handelt es sich in der Regel um steuerlich unschädliche Geschäftsbetriebe, d. h. solche, die unbedingt erforderlich sind, um den steuerbegünstigten Zweck einer gemeinnützigen Körperschaft zu erfüllen und bei denen die gesamte Geschäftsführung des Betriebs ausschließlich durch den steuerbegünstigten Zweck bestimmt wird. Nach der Rechtsprechung des Reichsfinanzhofs sind gemeinnützige und mildtätige Körperschaften auch wegen derartiger unschädlicher Geschäftsbetriebe („insoweit") nicht steuerpflichtig. Hinweis auf RStBl. 1937 S. 1103 Nr. 825 (Krankenanstalt); 1939 S. 545 Nr. 492 (Geschäftsbetrieb eines Kriegsblindenvereins); 1939 S. 92 Nr. 82 (Handwerks- und landwirtschaftliche Betriebe einer gemeinnützigen Fürsorgeanstalt) sowie die dort angeführte weitere Rechtsprechung.

Unterhält eine im übrigen als gemeinnützig oder mildtätig anzusprechende Körperschaft wirtschaftliche Geschäftsbetriebe, die im Sinne der Rechtsprechung des Reichsfinanzhofs keine steuerlich unschädlichen Geschäftsbetriebe darstellen, so ist wegen dieses Umstandes allein der Körperschaft die Steuerfreiheit wegen Gemeinnützigkeit oder Mildtätigkeit nicht ohne weiteres zu versagen. Werden nämlich die Überschüsse derartiger Geschäftsbetriebe einzig und allein dazu benutzt, die gemeinnützigen oder mildtätigen Zwecke der Körperschaft zu fördern, so erhellt daraus, daß solche Geschäftsbetriebe nur Mittel zum Zweck sind, und zwar Mittel für den gemeinnützigen oder mildtätigen Zweck, dessen Förderung die Körperschaft sich zur Aufgabe gemacht hat. Spenden der Körperschaft für fremde, aber allgemein als gemeinnützig oder mildtätig anerkannte Zwecke können dabei außer Betracht bleiben. Die Körperschaft setzt sich mit einem solchen Gewerbebetrieb keinen neuen und besonderen Zweck, der von dem gemeinnützigen und mildtätigen Hauptzweck unabhängig und darum getrennnt von diesem zu würdigen ist. Denn der Gewinn aus dem Geschäftsbetrieb bringt hier den Gesellschaftern oder Machthabern der Körperschaft keinen persönlichen Vorteil; er kommt vielmehr der Allgemeinheit oder bedürftigen Deutschen Volksgenossen zugute. Darum muß man auch beim Vorliegen eines solchen Geschäftsbetriebs das Erfordernis der Ausschließlichkeit als gewahrt ansehen. Unterhalten Körperschaften einen solchen wirtschaftlichen Geschäftsbetrieb, der über den Rahmen einer Vermögensverwaltung hinausgeht, so sind sie allerdings insoweit steuerpflichtig (§ 4 Absatz 1 Ziffer 6 Satz 2 KStG., § 3 Ziffer 6 Satz 2 GewStG., § 3 Absatz 1 Ziffer 6 Satz 2 VStG.).

2. Unmittelbarkeit

Der Umstand, daß eine Körperschaft sich zur Erfüllung ihrer Zwecke natürlicher Personen (z. B. Fürsorge- oder Krankenschwester) bedient, schließt die Unmittelbarkeit ihrer gemeinnützigen oder mildtätigen Betätigung nicht aus. Denn eine Körperschaft kann nur durch ihre Organe oder Hilfskräfte handeln. Man kann also nicht sagen, daß das Rote Kreuz, eine Diakonissenanstalt oder ein geistlicher Orden bei der sogenannten Schwesterngestellung an Gemeinden nicht unmittelbar, sondern nur mittelbar gemeinnützige Zwecke fördern. Die Klärung der Frage, ob unter Umständen in einer solchen Schwesterngestellung steuerlich ein wirtschaftlicher Geschäftsbetrieb zu erblicken ist, wird der Rechtsprechung überlassen.

Anhang B

Steuerfreiheit gemeinnütziger, mildtätiger und kirchlicher Körperschaften und geistlicher Ordensgenossenschaften.

Rderl. des RdF. vom 18. Jauuar 1940 (S 1291-131 III R)

1. Ich habe in meinem Erlaß S 1291 — 113 III R. vom 15. Juli 1939 (RStBl. 1939 S. 857) die Frage geregelt, wie gemeinnützige und mildtätige Körperschaften Mängel ihrer Satzungen beseitigen können, die ihre Befreiung von den in dem Erlaß bezeichneten Steuern ausschließen. Die gleiche Frage ist auch für

a) kirchliche Körperschaften, Personenvereinigungen und Vermögensmassen,
b) Körperschaften, Personenvereinigungen und Vermögensmassen mit kirchlicher Zweckbestimmung,
c) geistliche Ordensgenossenschaften

Die Körperschaften zu a und b werden im folgenden abgekürzt „kirchliche Körperschaften" bezeichnet.

von Bedeutung, die auf Grund der in dem Erlaß vom 15. Juli 1939 angegebenen Steuergesetze Steuerfreiheit für sich beanspruchen wollen. Auch bei ihnen muß dann u. a. satzungsgemäß vorgeschrieben und tatsächlich sichergestellt sein, daß bei Auflösung der Körperschaft oder bei Wegfall ihrer bisherigen Zwecke ihr Vermögen für gemeinnützige, mildtätige oder kirchliche Zwecke verwendet wird.

Die in dem Erlaß vom 15. Juli 1939 für gemeinnützige und mildtätige Körperschaften getroffene Regelung wird auf die oben zu a und b bezeichneten kirchlichen Körperschaften und auf geistliche Ordensgenossenschaften ausgedehnt.

Die im Abschnitt I 7 (Übergangsregelung) des Erlasses vom 15. Juli 1939 für die Einreichung etwaiger Beschlüsse über Änderung, Ergänzung oder Neuschaffung von Satzungen auf den 31. Dezember 1939 bestimmte Frist ist mittlerweile durch den Erlaß S 1291 — 126 III R vom 18. Oktober 1939 (RStBl. 1939 S. 1046) bis zum 31. Dezember 1940 verlängert worden.

2. Kirchliche Körperschaften des öffentlichen Rechts (z. B. Kirchengemeinden) unterhalten oft Krankenhäuser, andere zur Förderung der Allgemeinheit bestimmte Anstalten oder Einrichtungen, die steuerlich als Betriebe gewerblicher Art anzusprechen sind. Dienen solche Betriebe ausschließlich und unmittelbar gemeinnützigen usw. Zwecken, dann kann auch ihnen Steuerfreiheit nur dann gewährt werden, wenn sie eigene Satzungen (Betriebssatzungen) haben, die den steuerlichen Vorschriften über die Vermögensverwendung entsprechen. Hinweis auf das Urteil des Reichsfinanzhofs im RStBl. 1939 S. 879 Nr. 864.

Die im Abschnitt 5 dieses Erlasses getroffene Anordnung gilt entsprechend.

3. Wenn ein Finanzamt bei einer kirchlichen Körperschaft oder geistlichen Ordensgenossenschaft nachzuprüfen hat, ob deren Steuerbefreiung durch einen Beschluß über die Verwendung des Vermögens bei Auflösung der Körperschaft oder bei Wegfall ihrer bisherigen Zwecke beeinträchtigt wird und ob deshalb die bisher unterbliebenen Steuerfestsetzungen nachzuholen sind, gilt das Folgende:

Die Steuerfreiheit bleibt nur dann gewahrt, wenn bisher gemeinnützig oder mildtätig genutztes Vermögen auch weiterhin ausschließlich für solche Zwecke verwendet wird. Dabei kann bisher gemeinnützig genutztes Vermögen auch mildtätigen Zwecken oder bisher mildtätig genutztes Vermögen auch gemeinnützigen Zwecken zugeführt werden.

Kirchlichen Zwecken kann ohne steuerliche Folgerung nur solches Vermögen zugeführt werden, das auch schon in der Vergangenheit kirchlichen Zwecken gedient hat. Wird bisher gemeinnützig oder mildtätig genutztes Vermögen kirchlichen Zwecken gewidmet, dann sind die Körperschaftsteuer und Vermögensteuer, beim Vorliegen der besonderen Voraussetzungen auch die Aufbringungsumlage und Gewerbesteuer, für die Vergangenheit nach den im Abschnitt I 6 des Erlasses vom

15. Juli 1939 dargestellten Grundsätzen nachträglich festzusetzen. Eine Verwendung von bisher kirchlich genutztem Vermögen zu gemeinnützigen oder mildtätigen Zwecken ist dagegen steuerlich unschädlich.

Das gemeinnützigen, mildtätigen oder kirchlichen Zwecken dienende Vermögen muß auch weiterhin für solche Zwecke im Inland oder zur Förderung des Deutschen Volkstums im Ausland verwendet werden.

4. Beseitigen geistliche Ordensgenossenschaften, die die Selbstheiligung ihrer Mitglieder durch das Ordensleben als Hauptzweck verfolgen, Mängel ihrer Satzungen den vorstehenden Richtlinien gemäß, tritt trotzdem keine Steuerfreiheit ein, da solche Orden im Sinne des Steuerrechts nicht ausschließlich gemeinnützig sind. Hinweis auf das Urteil des Reichsfinanzhofs im RStBl. 1938 S. 1180 Nr. 1141.

5. § 6 Absatz 2 VStG. gemäß wird von den dort bezeichneten Körperschaften, Personenvereinigungen und Vermögensmassen die Vermögensteuer nur erhoben, wenn das Gesamtvermögen 10 000 Reichsmark übersteigt. Trifft das bei gemeinnützigen, mildtätigen und kirchlichen Körperschaften usw. nicht zu, sind Satzungsmängel der hier in Betracht kommenden Art für die Vermögensteuer unerheblich.

Für die Körperschaftsteuer besteht keine Freigrenze. Darum müßten gemeinnützige usw. Körperschaften, die § 6 Absatz 2 VStG. gemäß vermögensteuerfrei sind, trotzdem etwaige Satzungsmängel beseitigen, wenn sie auch Körperschaftsteuerfreiheit beanspruchen wollen.

Aus Vereinfachungsgründen ordne ich bis auf weiteres das Folgende an: Erfüllen gemeinnützige, mildtätige und kirchliche Körperschaften, Personenvereinigungen und Vermögensmassen, deren Einkommen in der Regel 500 Reichsmark nicht übersteigt, im übrigen sämtliche Voraussetzungen der Steuerfreiheit, soll bei ihnen aus dem Umstand allein, daß ihre Satzungen den steuerlichen Vorschriften nicht entsprechen, keine Körperschaftsteuerpflicht hergeleitet werden.

In solchen Fällen wird also auf die Beseitigung von Satzungsmängeln verzichtet.

Anhang C

Pensions- und Unterstützungs-Kassen

Rderl. des RdF. vom 11. Mai 1940 (S. 2513-210 III S. 3506 24 III)

1. Einleitung

Pensions- und Unterstützungskassen sind von der Körperschaftsteuer, Vermögensteuer und Aufbringungsumlage befreit, wenn ihr Aufbau bestimmten Voraussetzungen entspricht. Hinweis auf § 4 Absatz 1 Ziffer 7 KStG., §§ 13 bis 17 der Ersten KStDV., § 3 Absatz 1 Ziffer 7 VStG., §§ 5 bis 7 der VStDV. und § 3 Ziffer 3 AufbrV. und meinen Runderlaß vom 15. Dezember 1938 S. 2513—40 III/S 3506—8 III (RStBl. S. 1181). Es haben sich bei der Anwendung dieser Bestimmungen mehrere Zweifelsfragen ergeben, die von allgemeiner Bedeutung sind und deshalb einer Regelung bedürfen.

2. Die steuerliche Behandlung der Kassen selbst

a) Zu § 13 Ziffer 1 der Ersten KStDV. und § 5 Ziffer 1 VStDV.

Pensions- und Unterstützungskassen müssen für Zugehörige oder frühere Zugehörige eines Betriebes bestimmt sein.

Es ist gleichgültig, aus welchem Grund frühere Zugehörige eines Betriebs aus diesem ausgeschieden sind. Es gehören deshalb zu den früheren Zugehörigen eines Betriebs auch diejenigen, die ihre Arbeitsstätte gewechselt haben und gegenwärtig einem anderen Betrieb angehören.

Voraussetzung ist, daß sie die Zugehörigkeit zu der Kasse während der Zugehörigkeit zu dem Betrieb, der Träger der Kasse ist, erworben haben.

b) Zu § 13 Ziffer 3 der Ersten KStDV. und § 5 Ziffer 3 VStDV.

Das Vermögen einer Pensionskasse oder einer Unterstützungskasse muß bei ihrer Auflösung entweder den Leistungsempfängern zufallen oder für gemeinnützige oder mildtätige Zwecke verwendet werden. Es muß in den Satzungen der Kasse darüber eine ausdrückliche

Bestimmung getroffen werden. Die Zwecke müssen genau bezeichnet sein.

Mein Runderlaß vom 15. Juli 1939 S 1291 — 113 III R (RStBl S. 857) ist in den Fällen, in denen die Satzungen die Verwendung des Vermögens für gemeinnützige oder mildtätige Zwecke vorsehen, sinngemäß anzuwenden. Hinweis auf meinen Runderlaß vom 18. Oktober 1939 S 1291 — 126 III R (RStBl. S. 1046), durch den ich die Frist für die Änderung und Ergänzung von nicht genügenden Satzungen bis zum 31. Dezember 1940 verlängert habe.

c) Zu § 15 Ziffer 1 der Ersten KStDV. und § 7 Ziffer 1 VStDV.

Die ausschließliche und unmittelbare Verwendung des Vermögens und der Einkünfte einer Unterstützungskasse für die Kassenzwecke muß satzungsgemäß und tatsächlich dauernd gesichert sein.

Ich habe bisher davon abgesehen, allgemeine Richtlinien für die Anlage und Sicherung der Mittel solcher Kassen zu geben. Es ist deshalb den Verhältnissen des einzelnen Falls gemäß zu entscheiden, ob die gewählte Anlage eine genügende Sicherheit bietet.

Ich habe keine Bedenken dagegen, daß die Mittel einer Unterstützungskasse ganz oder teilweise in dem Betrieb arbeiten, der Träger der Kasse ist (z. B. als Darlehen der Kasse an den Betrieb). Voraussetzung ist jedoch, daß die wirtschaftliche Leistungsfähigkeit des Betriebs in ausreichendem Maß für die Sicherheit der Mittel bürgt. Es darf insbesondere eine ungünstige Entwicklung des Betriebs in absehbarer Zeit nicht zu befürchten sein.

Die Mittel müssen, wenn diese Voraussetzung nicht gegeben ist, aus dem Betrieb ganz oder teilweise ausgesondert und in anderer Weise angelegt werden (z. B. mündelsicher). Die Aussonderung kann auf einen längeren Zeitraum verteilt werden, wenn die sofortige Aussonderung dem Betrieb zuviel Mittel entziehen würde und wenn durch die allmähliche Aussonderung die Erfüllung der Kassenzwecke nicht gefährdet wird.

3. Zuwendungen an die Kassen

Zuwendungen an eine steuerbefreite Pensionskasse oder Unterstützungskasse des Betriebs eines Steuerpflichtigen bilden abzugsfähige Betriebsausgaben, soweit sie sich in angemessenem Umfang halten. Als angemessen gelten Zuwendungen in der Regel nur insoweit als sie 20 v. H. der Lohn- und Gehaltssumme, die der Steuerpflichtige im Jahr der Zuwendung für die Leistungsberechtigten der Kasse aufwendet, nicht übersteigen. Hinweis auf meinen Runderlaß vom 15. Dezember 1938 Abschnitt 3.

a) Kreis der Leistungsberechtigten

Zu den Leistungsberechtigten einer Kasse gehören auch die Gefolgschaftsmitglieder, die erst nach dem Ablauf einer bestimmten Zeit (z. B. nach längerer Betriebszugehörigkeit) oder beim Eintritt bestimmter anderer Voraussetzungen (z. B. bei Geburt eines Kindes) Anwartschaften oder Ansprüche erwerben.

Die Löhne und Gehälter dieser Leistungsberechtigten sind bei der Entscheidung über die Angemessenheit der Zuwendungen an die Kasse mitzuberücksichtigen.

b) Mehrere Kassen eines Betriebs

Viele Betriebe haben für ihre Gefolgschaftsmitglieder mehrere Kassen eingerichtet (z. B. eine Kasse für Arbeiter und eine Kasse für Angestellte oder eine Pensionskasse und eine Unterstützungskasse).

Die Zuwendungen an jede einzelne von mehreren Kassen sind nur insoweit abzugsfähig, als sie 20 v. H. der jährlichen Lohn- und Gehaltsumme der Leistungsberechtigten dieser Kasse nicht übersteigen.

Wenn sich der Kreis der Leistungsberechtigten mehrerer Kassen überschneidet, dürfen die Zuwendungen an alle Kassen zusammen 20 v. H. der jährlichen Lohn- und Gehaltsumme aller Leistungsberechtigten nicht übersteigen.

c) Ansammlungen eines zu hohen Kassenvermögens

Zuwendungen, die 20 v. H. der jährlichen Lohn- und Gehaltsumme nicht übersteigen, sind nicht in jedem Fall als angemessen zu behandeln. Sie bilden insoweit keine abzugsfähigen Betriebsausgaben, als sie zur Ansammlung eines ungerechtfertigt hohen Kassenvermögens führen würden.

Es sind deshalb Zuwendungen an Kassen, die dem Leistungsberechtigten einen Rechtsanspruch gewähren, insoweit nicht abzugsfähig, als durch die Zuwendungen das nach versicherungsmäßigen Grundsätzen erforderliche Deckungskapital der Kasse überschritten wird. Zuwendungen an Kassen, die Leistungen ohne Rechtsanspruch von Fall zu Fall gewähren, sind insoweit nicht abzugsfähig, als sie zur Ansammlung eines Vermögens führen, das nicht mehr in angemessenem Verhältnis zu der durchschnittlichen Jahresleistung der Kasse steht. Es ist dabei aber zu berücksichtigen, daß in der Regel erst ein genügend hohes Kapital angesammelt sein muß, ehe die Kasse entsprechende Leistungen machen kann.

d) Überschreitung der 20-v.-H.-Grenze.

Zuwendungen, die 20 v. H. der jährlichen Lohn- und Gehaltsumme übersteigen, sind insoweit nur in Ausnahmefällen abzugsfähig.

Ein Ausnahmefall ist insbesondere dann gegeben, wenn die Versicherungsaufsichtsbehörde verlangt, daß ein bestimmter Betrag (der die Grenze von 20 v. H. übersteigt) zur Ansammlung des Deckungskapitals der Kasse zugeführt wird.

Die Zuwendungen an eine Pensions- oder Unterstützungskasse können die 20-v.-H.-Grenze um einen angemessenen Betrag auch dann überschreiten, wenn der Unternehmer selbst (und seine Angehörigen) zu den Leistungsberechtigten der Kasse seines Betriebs gehört. Als angemessen ist ein Betrag in Höhe von 20 v. H. des Gehalts eines vergleichbaren Angestellten anzusehen.

e) Unmittelbare Zuwendungen des Betriebs

Es gibt Betriebe, die für ihre Gefolgschaftsmitglieder eine Pensions- oder Unterstützungskasse eingerichtet haben und neben den Zuwendungen an diese Kasse aus den Betriebsmitteln unmittelbare Zuwendungen an die Leistungsberechtigten der Kasse gewähren. Die Zuwendungen an die Kasse sind in diesen Fällen nur insoweit abzugsfähig, als sie zusammen mit den unmittelbaren Zuwendungen an die Leistungsberechtigten 20 v. H. der jährlichen Lohn- und Gehaltssumme der Leistungsberechtigten nicht übersteigen.

4. Übergangsregelung

Die Steuerbefreiung von Pensions- und Unterstützungskassen, die bereits am 1. Januar 1936 bestanden haben und die nach den Bestimmungen des KStG. 1925 (und des VStG. 1931) von der Körperschaftsteuer (und Vermögenssteuer) befreit waren, bleibt erhalten, wenn diese Kassen spätestens zum 31. Dezember 1940 auf die Befreiungsvorschriften des KStG. 1934 (und des VStG. 1934) umgestellt werden. Hinweis auf meinen Runderlaß vom 25. November 1939 S 2513 — 212 III/ S 3506 — 22 III (RStBl. S. 1141).

a) Nichtumgestellte selbständige Kassen

Steuerlich selbständige (rechtsfähige und nichtrechtsfähige) Kassen, die bis zu diesem Zeitpunkt nicht umgestellt werden, unterliegen der Körperschaftsteuer bereits für das Kalenderjahr 1940 und der Vermögensteuer ab dem Rechnungsjahr 1941 (Nachveranlagung auf den 1. Januar 1941).

b) Nichtumgestellte unselbständige Kassen

Steuerlich unselbständige Kassen (nichtrechtsfähige Kassen, Fonds) bilden in der Regel nur einen Posten auf der Schuldenseite der Bilanz des Betriebs, der Träger der Kasse ist.

Es sind Zweifel entstanden, ob das Vermögen solcher Kassen, wenn sie nicht bis zum 31. Dezember 1940 umgestellt werden, bereits bei der Einkommensteuerveranlagung oder Körperschaftsteuerveranlagung für das Kalenderjahr 1940 als Betriebsgewinn des Trägers der Kasse versteuert werden müßte. Das würde eine Nachholung der bisher rechtmäßig unterbliebenen Besteuerung der angesammelten Mittel bedeuten und zu Härten führen.

Ich bin deshalb bis auf weiteres damit einverstanden, daß die Kasse in der Bilanz des Betriebs steuerfrei weitergeführt und erst allmählich aufgelöst wird.

Es sind demgemäß alle Leistungen der Kasse in voller Höhe auf den steuerfrei gebildeten Teil des Kassenvermögens so lange zu verrechnen, bis dieser aufgebraucht ist. Dasselbe gilt für unmittelbare Zuwendungen des Betriebs an die Leistungsberechtigten der Kasse, die nach der Satzung der Kasse oder nach der bisherigen Übung von der Kasse zu leisten gewesen wären.

Bei der Einheitsbewertung ist das Kassenvermögen auf den Feststellungszeitpunkt vom 1. Januar 1941 in voller Höhe dem Betriebsvermögen des Trägers der Kasse zuzurechnen (Wertfortschreibung).

c) Überführung des Kassenvermögens in eine Pensionsrückstellung

Ich bin damit einverstanden, daß das Vermögen einer Kasse, die Renten zur Altersversorgung gewährt und die nicht umgestellt werden soll, ganz oder teilweise auf den Betrieb, der Träger der Kasse ist, zurückübertragen wird. Der Betrieb, der damit unmittelbar die bisherigen Aufgaben der Kasse übernimmt, kann das zurückübertragene Vermögen zur Bildung von Pensionsrückstellungen für die bisherigen Leistungsberechtigten der Kasse verwenden.

Voraussetzung ist, daß die Ansprüche der Leistungsberechtigten nach bilanzsteuerlichen Grundsätzen solche Rückstellungen rechtfertigen. Es genügt, daß die Ansprüche der Leistungsberechtigten bis zum Ablauf des 31. Dezember 1940 begründet werden.

Es ist demgemäß in diesen Fällen bis zur Höhe des Barwerts der vom Betrieb übernommenen Pensionslast die sonst unzulässige Nachholung von Pensionsrückstellungen möglich, soweit die Mittel der Kasse dazu ausreichen.

Bei der Einheitsbewertung können die Pensionsverpflichtungen gegenüber den Gefolgschaftsmitgliedern (oder ihren Angehörigen) berücksichtigt werden, die bereits Empfänger von Ruhegehalts- oder Hinterbliebenenbezügen sind.

d) Zuwendungen an nichtumgestellte Kassen

Zuwendungen an nichtumgestellte selbständige Kassen sind Zuwendungen an nicht steuerbefreite Kassen und demgemäß nur beschränkt abzugsfähig. Hinweis auf meinen Runderlaß vom 15. Dezember 1938 Abschnitt 3 Absatz 2.

Zuwendungen an nichtumgestellte unselbständige Kassen sind Zuführungen zu einer steuerpflichtigen Rücklage und demgemäß überhaupt nicht abzugsfähig. Zuwendungen an nichtumgestellte selbständige oder unselbständige Kassen, die nach meinem Runderlaß vom 15. Dezember 1938 Abschnitt 3 Absatz 1 noch das Ergebnis des Wirtschaftsjahrs 1939 belasten, sind noch als Zuwendungen an steuerbefreite Kassen zu behandeln.

5. Lohnsteuer, Schenkungsteuer, Kapitalverkehrsteuern

Ich werde die Behandlung von Zuwendungen an Pensions- und Unterstützungskassen bei der Lohnsteuer und der Schenkungsteuer und die Behandlung der Umwandlung solcher Kassen bei der Schenkungsteuer demnächst in einem besonderen Runderlaß regeln.

Wegen der Behandlung von Zuwendungen an Unterstützungskassen bei der Gesellschaftsteuer und der Versicherungsteuer Hinweis auf meinen Runderlaß vom 1. Dezember 1939 S 6405 — 34 III/S 5114 A — 26 III (RStBl. S. 1202).

Anhang D

Erste Verordnung zur Durchführung des Einkommensteuergesetzes (Erste EStDVO.)

vom 6. Februar 1935 (Auszug)

Zu § 2 Absatz 5 des Gesetzes

§ 1

Wirtschaftsjahr

Das Wirtschaftsjahr umfaßt einen Zeitraum von zwölf Monaten. Es darf einen Zeitraum von weniger als zwölf Monaten nur umfassen, wenn

1. ein Betrieb eröffnet oder aufgegeben wird oder
2. ein Steuerpflichtiger von regelmäßigen Abschlüssen auf einen bestimmten Tag zu regelmäßigen Ab-

schlüssen auf einen anderen bestimmten Tag übergeht.

§ 2

Wirtschaftsjahr bei Einkünften aus Land- und Forstwirtschaft

(1) Bei Land- und Forstwirten, die für ein Wirtschaftsjahr regelmäßig Abschlüsse in der Zeit vom 24. Juni bis 6. Juli einschließlich auf einen anderen Tag als den 30. Juni machen, gilt dieses Wirtschaftsjahr als Wirtschaftsjahr im Sinne des § 2 Absatz 5 Ziffer 1 des Gesetzes.

(2) Bei Gewinn aus reiner Weidewirtschaft und reiner Viehzucht gilt als Wirtschaftsjahr der Zeitraum vom 1. Mai bis 30. April. Der Begriff der reinen Weidewirtschaft schließt nicht aus, daß neben Weide und Wiese auch in geringem Umfang Ackerland bewirtschaftet wird.

(3) Die Präsidenten der Landesfinanzämter werden ermächtigt, bei Land- und Forstwirten für bestimmte Betriebsarten und für bestimmte Gebiete an Stelle der Wirtschaftsjahre, die im § 2 Absatz 5 Ziffer 1 des Gesetzes und in den vorstehenden Absätzen 1 und 2 genannt sind, einen anderen zwölfmonatigen Zeitraum zu bestimmen, wenn dies aus wirtschaftlichen Gründen nach der besonderen Gestaltung der Betriebe erforderlich ist. Die Bestimmung ist ortsüblich bekanntzumachen. Eine Bestimmung im Sinne des Satzes 1 kann auch im Einzelfall getroffen werden.

Zu §§ 4 bis 6 des Gesetzes

§ 4

Fortführung der Bilanzwerte

Bei Ermittlung des Gewinns nach §§ 4 und 5 des Gesetzes für das Wirtschaftsjahr 1934 (1933/34) und die folgenden Wirtschaftsjahre ist für den Schluß des Wirtschaftsjahres 1933 (1932/33) von dem Betriebsvermögen auszugehen, das nach den Vorschriften des Einkommensteuergesetzes vom 10. August 1925 festgestellt ist oder festzustellen gewesen wäre.

§ 5

Eröffnung und Aufgabe eines Betriebs

(1) Wird ein Betrieb eröffnet oder erworben, so tritt an die Stelle des Schlusses des vorangegangenen Wirtschaftsjahres der Zeitpunkt der Eröffnung oder des Erwerbs.

(2) Wird ein Betrieb aufgegeben oder veräußert, so tritt für die Berechnung des Gewinns aus diesem Betrieb an die Stelle des Schlusses des Wirtschaftsjahrs der Zeitpunkt der Aufgabe oder Veräußerung.

§ 6

Bewertung bei unentgeltlicher Übertragung

(1) Wird ein Betrieb oder ein Teilbetrieb unentgeltlich übertragen, so sind bei der Ermittlung des Gewinns des bisherigen Betriebsinhabers die Wirtschaftsgüter mit den Werten nach § 6 Ziffern 1 bis 3 des Gesetzes anzusetzen. Der Teilwert kann auf Antrag auch dann angesetzt werden, wenn er höher ist als die Anschaffungs- oder Herstellungskosten. Antragsberechtigt ist der bisherige Betriebsinhaber, im Falle der Gesamtrechtsnachfolge der Rechtsnachfolger. Der Rechtsnachfolger ist für den Beginn des Betriebs an die letzten Bilanzansätze des Rechtsvorgängers gebunden.

(2) Werden nur einzelne Wirtschaftsgüter unentgeltlich übertragen, so gilt für den Empfänger als Anschaffungs- oder Herstellungskosten der Betrag, den er für das einzelne Wirtschaftsgut im Zeitpunkt des Empfangs hätte aufwenden müssen.

§ 7

Einlagen

Führt der Steuerpflichtige dem Betrieb Wirtschaftsgüter zu, die vor dem 1. Januar 1925 angeschafft oder hergestellt worden sind, so gilt als Anschaffungs- oder Herstellungskosten der Betrag, den der Steuerpflichtige für die Anschaffung oder Herstellung am 1. Januar 1925 hätte aufwenden müssen.

§ 11

Buchführende Land- und Forstwirte

(1) Als buchführende Land- und Forstwirte gelten diejenigen Land- und Forstwirte, die über den Betrieb

der Land- und Forstwirtschaft ordnungsmäßige Bücher führen, durch die der Gewinn ausgewiesen wird. Die Bücher gelten als ordnungsmäßig, wenn sie

1. alle Vorgänge des Betriebs, nach bestimmten Grundsätzen geordnet, mit ihrem Geldwert ausweisen, insbesondere auch Entnahmen und Einlagen im Sinne des § 4 des Gesetzes,
2. auf Grund einer jährlichen Bestandsaufnahme die Änderungen des Betriebsvermögens darstellen. Die Bestandsaufnahme braucht sich auf das stehende Holz nicht zu erstrecken.

(2) Die vorläufige Verordnung über die Ordnungsmäßigkeit der landwirtschaftlichen Buchführung vom 5. September 1925 (Reichsministerialbl. 1925 S. 1206, RStBl. 1925 S. 183) ist bis auf weiteres anzuwenden.

Zu § 9 des Gesetzes

§ 12

Absetzung für Abnutzung oder Substanzverringerung

(1) Bei Gebäuden und sonstigen Wirtschaftsgütern, die vor dem 1. Januar 1925 angeschafft, hergestellt oder unentgeltlich erworben worden sind und nicht zu einem Betriebsvermögen gehören, gilt für die Bemessung der Absetzung für Abnutzung oder Substanzverringerung als Anschaffungs- oder Herstellungskosten der Betrag, den der Steuerpflichtige für die Anschaffung oder Herstellung am 1. Januar 1925 hätte aufwenden müssen.

(2) Bei Gebäuden und sonstigen Wirtschaftsgütern, die nach dem 31. Dezember 1924 unentgeltlich erworben worden sind und nicht zu einem Betriebsvermögen gehören, gilt für die Bemessung der Absetzung für Abnutzung oder Substanzverringerung als Anschaffungs- oder Herstellungskosten der Betrag, den der Steuerpflichtige für die Anschaffung oder Herstellung im Zeitpunkt des Erwerbs hätte aufwenden müssen.

Zu § 12 des Gesetzes

§ 15

Abzugsfähigkeit ausländischer Einkommensteuer

Unbeschränkt Steuerpflichtige, die im Ausland zu einer der Deutschen Einkommensteuer entsprechenden Steuer herangezogen werden, können die ausländische Steuer in Höhe des nachweislich gezahlten Betrags vom Gesamtbetrag der Einkünfte abziehen, soweit diese Steuer auf Einkünfte entfällt, die der Deutschen Einkommensteuer unterliegen. Dies gilt nicht, soweit die ausländische Steuer auf inländische Einkünfte im Sinne des § 49 des Gesetzes entfällt.

Zu § 17 des Gesetzes

§ 18

Veräußerung wesentlicher Beteiligung

(1) Anteile an einer Kapitalgesellschaft im Sinne des § 17 des Gesetzes sind Aktien, Anteile an einer Gesellschaft mit beschränkter Haftung, Kuxe, Genußscheine oder ähnliche Beteiligungen sowie Anwartschaften auf solche Beteiligungen.

(2) Als Gewinn aus der Veräußerung eines Anteils an einer Kapitalgesellschaft gilt auch der Gewinn, den der Gesellschafter bei Auflösung der Kapitalgesellschaft erzielt.

Zu § 35 des Gesetzes

§ 31

Abrundung und Kleinbetrag bei Vorauszahlungen

(1) Der Jahresbetrag der Einkommensteuervorauszahlungen ist auf einen durch vier teilbaren vollen Reichsmarkbetrag nach unten abzurunden.

(2) Vorauszahlungen werden nur erhoben, wenn sie vierteljährlich 2 Reichsmark übersteigen.

Zu § 49 des Gesetzes

§ 33

Beschränkte Steuerpflicht bei Zinsen aus Wandelanleihen und Gewinnobligationen

Zu den nach § 49 Ziffer 5 des Gesetzes von der beschränkten Steuerpflicht ausgenommenen Zinsen aus Anleihen und Forderungen, über die Teilschuldverschreibungen ausgegeben worden sind, gehören nicht die Zinsen aus solchen Teilschuldverschreibungen, bei denen neben der festen Verzinsung ein Recht auf Umtausch in Gesellschaftsanteile (Wandelanleihen) oder eine Zusatzverzinsung eingeräumt ist, die sich nach der Höhe der Gewinnausschüttungen des Schuldners richtet (Gewinnobligationen).

Anhang E

Einkommensteuer-Richtlinien und Körperschaftsteuer-Richtlinien für 1939 (EStR. für 1939)

Rderl. des RdF vom 15. Januar 1940 (S. 2209 630 III)
(Auszug)

Betriebe gewerblicher Art von Körperschaften des öffentlichen Rechts

96. Versorgungsbetriebe

(1) Die Eigenbetriebs-Verordnung vom 21. November 1938 (RGBl. I S. 1650) regelt die Organisation, die Vermögensverwaltung und die Rechnungslegung für die wirtschaftlichen Unternehmen der Gemeinden ohne Rechtspersönlichkeit. § 22 der Eigenbetriebsverordnung lautet:

„Die Versorgungsbetriebe einer Gemeinde sind zu einem Eigenbetrieb zusammenzufassen. Das gleiche gilt für die Verkehrsbetriebe. Die Versorgungsbetriebe sollen durch die Betriebssatzung den Namen „Gemeindewerke" (Stadtwerke) erhalten. Die Betriebssatzung kann

a) die Einbeziehung der Verkehrsbetriebe sowie sonstiger Eigenbetriebe in die Gemeindewerke,

b) die gesonderte Führung von Versorgungsbetrieben oder Verkehrsbetrieben

vorsehen.

Die Zusammenfassung zu einem einheitlichen Betrieb kann auch steuerlich anerkannt werden, wenn genügend Merkmale für die einheitliche Organisation vorliegen. Die einheitliche Organisation kann z. B. in der Vereinheitlichung, der Leitung, der Buchführung, des Hebewesens usw. zum Ausdruck kommen. Ist eine solche

Einheit nicht gegeben, so ist jeder einzelne Betrieb als selbständige Steuerperson zu behandeln. Die Zusammenfassung anderer Einheitsbetriebe mit Versorgungs- oder Verkehrsbetrieben kann steuerlich nur anerkannt werden, wenn sie mit diesen Betrieben in einem wirklichen inneren Zusammenhang stehen.

(2) Es kann im Einzelfall streitig sein, ob es sich um einen „Versorgungsbetrieb" handelt. Für die Beurteilung dieser Frage ist bis auf weiteres von dem bisherigen Rechtszustand auszugehen.

97. Land- und forstwirtschaftliche Betriebe von Körperschaften des öffentlichen Rechts

Die land- und forstwirtschaftlichen Betriebe von Körperschaften des öffentlichen Rechts sind, soweit sie sich nicht in privatrechtlicher Form befinden, steuerfrei (§ 3 der Ersten KStDVO.). Das gilt auch für Nebenbetriebe. Wegen des Begriffs „Nebenbetrieb" Hinweis auf Abschnitt 19. Auch die Einkünfte aus der Verpachtung land- und forstwirtschaftlicher Betriebe sind bei Körperschaften des öffentlichen Rechts steuerfrei. Land- und forstwirtschaftliche Einkünfte, die in einem Betrieb gewerblicher Art anfallen, sind steuerpflichtig, wenn nicht durch die land- und forstwirtschaftlichen Einkünfte der Betrieb zu einem land- und forstwirtschaftlichen Betrieb — sei es Hauptbetrieb oder Nebenbetrieb — wird.

98. Hoheitsbetriebe

§ 4 der Ersten KStDV. enthält Beispiele für Hoheitsbetriebe. Zu den Hoheitsbetrieben gehören auch die Betriebe der öffentlich-rechtlichen Träger der Reichsversicherung (Sozialversicherung). Wenn ein Hoheitsbetrieb einen Betrieb gewerblicher Art unterhält (z. B. eine Kantine, eine Verkaufsstelle oder ein Erholungsheim), ist dieser Betrieb steuerpflichtig.

99. Jagdgenossenschaften des öffentlichen Rechts

Die Tätigkeit der Jagdgenossenschaften des öffentlichen Rechts ist als land- und forstwirtschaftlicher Betrieb anzusehen, der § 3 der Ersten KStDV. gemäß steuerfrei ist.

100. Verpachtung gewerblicher Betriebe

(1) Betriebe gewerblicher Art, die e Körperschaft des öffentlichen Rechts unterhält, sind steuerpflichtig. Die Verpachtung eines solchen Betriebs steht einem Betrieb gewerblicher Art gleich. Das gilt für jede andere entgeltliche Überlassung von Einrichtungen, Anlagen oder Rechten zu Betriebszwecken gewerblicher Art (§ 1 Absatz 3 der Ersten KStDV.). Die Bestimmung des § 1 Absatz 3 der Ersten KStDV. ist nicht so zu verstehen, daß auch die entgeltliche Überlassung einzelner Einrichtungsgegenstände oder Rechte zu Betriebszwecken steuerpflichtig ist.

(2) Eine steuerpflichtige Verpachtung ist demgemäß bei Betrieben, deren Führung den Besitz eines großen Inventars erfordert, nur dann gegeben, wenn Inventarstücke vom Verpächter beschafft und dem Pächter zur Nutzung überlassen sind. Die Steuerpflicht tritt auch ein, wenn das mitverpachtete Inventar unzureichend ist. Wenn Betriebe verpachtet sind, zu deren Führung ein größeres Inventar nicht erforderlich ist, oder wenn keine Räume verpachtet sind, sondern nur Inventar und dgl. verpachtet ist, ist von Fall zu Fall zu entscheiden, ob die Verpachtung eines „Betriebs" angenommen werden kann. Hinweis auf RFH.-Urteil vom 23. August 1939, RStBl. 1939 S. 1039.

101. Wirtschaftsjahr

(1) Öffentliche Betriebe stellen ihre Abschlüsse nach der Haushaltssatzung oft auf das Rechnungsjahr ab. Wenn es sich dabei um Betriebe handelt, die nach den Vorschriften des Handelsgesetzbuchs zur Führung von Büchern verpflichtet sind und solche tatsächlich ordnungsmäßig führen, gilt der Gewinn aus Gewerbebetrieb § 5 Absatz 2 KStG. gemäß als in dem Kalenderjahr bezogen, in dem das Wirtschaftsjahr endet.

(2) Es wird bei kleinen Betrieben und bei Stiftungen, die durch eine öffentlich-rechtliche Körperschaft verwaltet werden, und bei Verbänden oder Vereinen, die einer öffentlich-rechtlichen Körperschaft angeschlossen

sind oder durch eine solche verwaltet werden, in der Regel Buchführungspflicht nach den Vorschriften des Handelsgesetzbuchs nicht vorliegen. Diese Betriebe sind an sich § 5 Absatz 1 KStG. gemäß nach dem Einkommen im Kalenderjahr zu besteuern. Es bestehen mit Rücksicht darauf, daß diese Betriebe gezwungen sind, ihre Abschlüsse abweichend vom Kalenderjahr aufzustellen, keine Bedenken, daß bei ihnen die Regelung des § 5 Absatz 2 KStG. entsprechend angewendet wird. Diese Regelung gilt auch für die Technischen Überwachungsvereine, die durch Anordnung von Aufsichtsbehörden gezwungen sind, ihre Abschlüsse abweichend vom Kalenderjahr aufzustellen.

102. Körperschaftsteuer der öffentlichen Versorgungsbetriebe

Die Vorschrift des § 39 StAnpG. über die Rücküberweisung der Körperschaftsteuer der öffentlichen Versorgungsbetriebe ist durch § 6 des Dritten Gesetzes zur Änderung des Finanzausgleichs vom 31. Juli 1938 aufgehoben worden. Hinweis auf meinen Runderlaß vom 20. August 1938 S. 2506 — 15 III (RStBl. 1938 S. 801). Es sind deshalb die Bestimmungen der §§ 38 bis 40 der Ersten KStDV. bei der Körperschaftsteuerveranlagung für 1939 nicht mehr anzuwenden. Die Körperschaftsteuer fließt in voller Höhe in die Reichskasse.

Sparkassen

103. Sparverkehr

(1) Die öffentlichen oder unter Staatsaufsicht stehenden Sparkassen sind von der Körperschaftsteuer befreit, soweit sie der Pflege des eigentlichen Sparverkehrs dienen. Sie sind mit den Geschäften, die der Pflege des eigentlichen Sparverkehrs nicht dienen, steuerpflichtig.

(2) Was unter „Sparverkehr" zu verstehen ist, ist in den §§ 22 u. f. des Gesetzes über das Kreditwesen (KWG.) vom 25. September 1939 (RGBl. I S. 1955) bestimmt. Spareinlagen sind danach Geldeinlagen auf Konten, die nicht den Zwecken des Zahlungsverkehrs,

sondern der Anlage dienen und als solche, insbesondere durch Ausfertigung von Sparbüchern, gekennzeichnet sind.

(3) Kreditinstitute, die Spareinlagen annehmen, sind § 25 KWG. gemäß verpflichtet, das Spargeschäft (Spareinlagen und die zu ihrer Deckung bestimmten Anlagen) in der Buchführung von dem anderen Geschäft getrennt zu führen und in den Monatsausweisen, in den Jahresbilanzen und in den Verlust- und Gewinnübersichten gesondert auszuweisen. Bestimmungen zur Durchführung des § 25 KWG. sind noch nicht erlassen worden.

(4) Solange die getrennte Buchführung für die Geschäfte des eigentlichen Sparverkehrs nicht allgemein durchgeführt ist, ist bei der Ausgliederung des steuerpflichtigen Teils des Gewinns von der Schuldenseite der Bilanz auszugehen.

104. Gewinnermittlung bei Sparkassen

(1) Der steuerpflichtige Teil des Gesamtgewinns ist wie folgt zu errechnen:

1. Der Gesamtgewinn ist nach den Vorschriften des Körperschaftsteuergesetzes zu ermitteln.
2. Die Ermittlung des steuerpflichtigen Anteils am Gesamtgewinn ist auf Grund der steuerlichen Betriebsergebnisbilanz am Schluß des Wirtschaftsjahrs vorzunehmen (für 1939 also auf Grund der Steuerbilanz am 31. Dezember 1939). Die Schuldenseite dieser Bilanz ist nach den für die Vermögensteuer maßgebenden Vorschriften aufzuteilen. Hinweis auf die Vermögensteuer-Richtlinien Abschnitt 15.
3. Der steuerpflichtige Teil des Gesamtgewinns ergibt sich aus dem Verhältnis, in dem die nicht in Spareinlagen bestehenden Einlagen und die eingegangenen Verbindlichkeiten einerseits zu den gesamten Einlagen und den eingegangenen Verbindlichkeiten anderseits stehen.

Beispiel:

Steuerlich ermittelter Gesamtgewinn .	120 000 RM
1. Schuldenseite der Bilanz:	
Spareinlagen (§§ 22 und 23 KWG.)	10 000 000 RM
Nicht in Spareinlagen bestehende Einlagen (z. B. Depositen-, Giro-, Kontokorrenteinlagen)	1 500 000 „
Eingegangene Verbindlichkeiten (z. B. Akzepte, langfristige Anleihen, Hypotheken)	500 000 „
Freie Rücklagen	400 000 „
Gewinn	120 000 „
Schuldenseite der Bilanz	12 520 000 RM
2. Aufteilung der Schuldenposten:	
a) Nicht in Spareinlagen bestehende Einlagen	1 500 000 RM
Eingegangene Verbindlichkeiten .	500 000 „
	2 000 000 RM
b) Gesamte Einlagen (10 000 000 RM und 1 500 000 RM)	11 500 000 RM
Eingegangene Verbindlichkeiten .	500 000 „
	12 000 000 RM

Der steuerpflichtige Gewinn ergibt sich aus dem Verhältnis von 2 000 000 RM zu 12 000 000 RM = ein Sechstel. Steuerpflichtiger Gewinn demgemäß ein Sechstel von 120 000 RM = 20 000 RM.

(2) Wenn die einzelnen Schuldenposten einer Sparkasse am Stichtag von dem Jahresdurchschnitt erheblich abweichen, kann ausnahmsweise auf Grund der Zweimonatsbilanzen der Sparkasse der Jahresdurchschnitt der einzelnen Schuldenposten festgestellt und der Aufteilung zugrunde gelegt werden.

(3) Wenn in dem aufzuteilenden Gesamtgewinn Einkünfte enthalten sind, die dem Steuerabzug unterlegen haben, ist der auf den steuerfreien Teil des Gewinns anteilig entfallende Steuerabzugsbetrag auf die Körperschaftsteuer nicht anzurechnen.

Pensions- und Unterstützungskassen

105. Die Kassen selbst

Pensions- und Unterstützungskassen sind von der Körperschaftsteuer für 1939 befreit:

1. wenn sie vor dem 1. Januar 1936 gegründet worden sind und die Voraussetzungen des § 9 Absatz 1 Ziffer 10 KStG. 1925 erfüllen. Hinweis auf Abschnitt 2e meines Runderlasses vom 15. Dezember 1938 S. 2513 — 40 III (RStBl. 1938 S. 1181).

   Danach sind steuerfrei:

   a) rechtsfähige Pensions-, Witwen-, Waisen-, Sterbe-, Kranken-, Unterstützungs- und sonstige Hilfskassen für Fälle der Not oder der Arbeitslosigkeit,

   b) nicht rechtsfähige Kassen dieser Art, wenn die dauernde Verwendung der Einkünfte für die Zwecke der Kassen und für den Fall der Auflösung einer Kasse die Verwendung ihres Kapitals für entsprechende Zwecke gesichert ist,

2. wenn sie die Voraussetzungen der §§ 13 bis 15 der Ersten KStDV. in Verbindung mit Abschnitt 2 meines Runderlasses vom 15. Dezember 1938 S. 2513 — 40 III (RStBl. 1938 S. 1181) erfüllen.

106. Zuwendungen an die Kassen

Die Voraussetzungen, unter denen angemessene Zuwendungen an steuerfreie und steuerpflichtige Pensions- und Unterstützungskassen als Betriebsausgaben abgezogen werden dürfen, ergeben sich aus Abschnitt 3 meines Runderlasses vom 15. Dezember 1938 S. 2513 — 40 III, RStBl. 1938 S. 1181.

107. Übergangsregelung für die Ostmark und das Sudetenland

Entfällt.

Einkommen

108. Allgemeines

Auf die Ermittlung und Veranlagung des Einkommens finden §§ 6 und 20 KStG. gemäß die Vorschriften des Einkommensteuergesetzes Anwendung. Die Vorschriften des Einkommensteuergesetzes, die für die Körperschaftsteuer in Betracht kommen, sind in der Anlage zusammengestellt. Die Vorschriften der Ersten EStDV., die auch für die Körperschaftsteuer gelten, sind im § 18 der Ersten KStDV. bezeichnet. Es sind an Stelle der im § 18 der Ersten KStDV. aufgezählten Vorschriften der Ersten EStDV. erstmalig für die Veranlagung zur Körperschaftsteuer für das Kalenderjahr 1939 die §§ 1. 2, 4 bis 9, 11, 12, 23, 24 der EStDV. 1939 anzuwenden. Es hat sich dadurch sachlich nichts geändert.

109. Eintragung in das Handelsregister

(1) § 5 EStG. 1939, der § 6 KStG. gemäß auch für Körperschaften gilt, findet nur auf solche Gewerbetreibende Anwendung, die in das Handelsregister eingetragen worden sind. Ein Unternehmen des Reichs, eines Landes oder eines inländischen Kommunalverbandes braucht § 36 des Handelsgesetzbuchs gemäß nicht in das Handelsregister eingetragen zu werden.

(2) Die meisten dieser Unternehmen sind aber verpflichtet, Bücher nach den Vorschriften des Handelsgesetzbuchs zu führen. Auf diese Unternehmen ist der § 5 EStG. anzuwenden, auch wenn sie nicht in das Handelsregister eingetragen sind.

110. Einkommen von Körperschaften, die Land- oder Forstwirtschaft betreiben

(1) § 19 der Ersten KStDV. gemäß sind bei Steuerpflichtigen, die nach den Vorschriften des Handelsgesetzbuchs zur Führung von Büchern verpflichtet sind, alle Einkünfte als Einkünfte aus Gewerbebetrieb zu behandeln, auch solche aus Land- und Forstwirtschaft.

(2) Für die Berechnung des Einkommens bei Körperschaften, die Land- oder Forstwirtschaft betreiben, gelten die Grundsätze ordnungsmäßiger landwirtschaftlicher Buchführung. Es bleibt danach bei der Ermittlung des Gewinns der Wert von Grund und Boden außer Ansatz.

111. Verlustabzug

Die Besonderheiten des Verlustabzugs bei der Körperschaftsteuer ergeben sich aus meinem Runderlaß vom 8. März 1939 S. 2127 — 60 III, RStBl. 1939 S. 433.

112. Mitgliederbeiträge

Die Vorschrift des § 21 Absatz 2 der Ersten KStDV. dient lediglich der Klarstellung. Auch Versicherungsunternehmen, insbesondere Versicherungsvereine auf Gegenseitigkeit, erheben Beiträge. Diese Beiträge sind aber nicht Mitgliederbeiträge im Sinne des § 8 KStG.

113. Stiftungen, die an die Stelle von Familien-Fideikommissen getreten sind

(1) Nach der Verordnung vom 13. Februar 1926 (RGBl. I S. 101) sind Stiftungen, die an die Stelle von Familien-Fideikommissen getreten sind, bei der Körperschaftsteuer begünstigt gewesen. Die Bestimmung lautet:

„Ist eine Vermögensmasse, die zu einem standesherrlichen Hausvermögen, einem Familien-Fideikommiß, einem Lehen oder einem Erbstammgut gehört hat, ganz oder zum Teil nach den für die Ablösung geltenden Vorschriften in eine Stiftung umgewandelt worden, so bleiben bei der Veranlagung einer solchen Stiftung zur Körperschaftsteuer die Einkünfte außer Ansatz, die an die nach der Stiftungssatzung bezugsberechtigten, unbeschränkt einkommensteuerpflichtigen Familienmitglieder verteilt werden."

(2) Die Verordnung war letztmals bei der Veranlagung für das Jahr 1938 anzuwenden (Runderlaß vom 23. Juli 1938 S. 2141 — 70 III Abschnitt B, RStBl. 1938 S. 721). Sie fand auch Anwendung bei der Veranlagung für 1938 auf die neu errichteten Auflösungsstiftungen nach dem Gesetz über das Erlöschen der Familien-Fideikommisse und sonstiger gebundener Vermögen vom 6. Juli 1938 (RGBl. I S. 825). Hinweis auf meinen Runderlaß vom 30. Juni 1939 S. 3900 — 283 III b.

(3) Ich ermächtige die Oberfinanzpräsidenten, die Vergünstigung nach der Verordnung vom 13. Februar 1926 ganz oder zum Teil auch bei den Veranlagungen für 1939 und 1940 auf Antrag in solchen Fällen zu gewähren, in denen durch den Wegfall der Steuervergünstigung besondere Härten entstehen würden.

114. Beteiligung milder Stiftungen am Winterhilfswerk

(1) Stiftungen, die nach der Satzung, Stiftungsurkunde oder sonstigen Verfassung und nach ihrer tasächlichen Geschäftsführung ausschließlich und unmittelbar gemeinnützigen oder mildtätigen Zwecken dienen, sind von der Körperschaftsteuer befreit (§ 4 Absatz 1 Ziffer 6 KStG., §§ 9 bis 11 der Ersten KStDV.).

(2) Die Steuerfreiheit wird nicht dadurch beeinträchtigt, daß sich diese Stiftungen durch Spenden am Winterhilfswerk des Deutschen Volkes beteiligen.

115. Beteiligung an neu gegründeten Unternehmen

Die Beteiligungen an Unternehmen sind mit den Anschaffungs- oder Herstellungskosten anzusetzen. Es kann statt der Anschaffungs- oder Herstellungskosten der niedrigere Teilwert (§ 6 Ziffer 1 Satz 3 EStG.) angesetzt werden. Es besteht in der Regel kein Anlaß, die Beteiligungen an neu gegründeten Unternehmen unter dem Anschaffungspreis zu bewerten. Hinweis auf das RFH.-Urteil vom 11. Mai 1939, RStBl. 1939 S. 805. Das gilt auch für die Einkommensteuer.

116. Steuerabzug vom Kapitalertrag bei Schachtelgesellschaften

§ 22 Absatz 1 der Ersten KStDV. kommt bei Schachtelgesellschaften nur für solche Aktien, Kuxe oder Anteile in Betracht, die der unbeschränkt steuerpflichtigen Kapitalgesellschaft ununterbrochen seit mindestens zwölf Monaten vor dem Stichtag gehört haben, der für die Ermittlung des Einkommens maßgebend ist. Wenn eine Kapitalgesellschaft gegründet wird, ist in den ersten zwölf Monaten von den ausgeschütteten Gewinnanteilen der Steuerabzug vom Kapitalertrag stets vorzunehmen; denn die Aktien usw. haben der Kapitalgesellschaft nicht ununterbrochen seit mindestens zwölf Monaten gehört.

117. Schachtelvergünstigung bei öffentlich-rechtlichen Versicherungsanstalten

Durch § 22 Absatz 2 der Ersten KStDV. wird die Schachtelvergünstigung, die an sich nur für unbeschränkt steuerpflichtige Kapitalgesellschaften gilt, auf die Versicherungsvereine auf Gegenseitigkeit ausgedehnt. Eine besondere Vorschrift für öffentlich-rechtliche Versicherungsanstalten ist nicht erforderlich; es gilt für sie die Schachtelvergünstigung bereits auf Grund des § 9 Absatz 3 KStG.

118. Auflösung und Abwicklung (Liquidation), Verschmelzung (Fusion), Umwandlung und Verlegung der Geschäftsleitung ins Ausland

(1) Der Besteuerungszeitraum soll § 14 Absatz 1 Satz 2 KStG. gemäß bei Auflösung und Abwicklung (Liquidation) drei Jahre nicht übersteigen. Wenn die Abwicklung länger als drei Jahre dauert, kann das Finanzamt wieder zur jährlichen Veranlagung übergehen.

(2) Es sind Zweifel entstanden, welcher Körperschaftsteuersatz anzuwenden ist, wenn sich die Abwicklung (Liquidation) § 14 KStG. gemäß über einen Zeitraum erstreckt, für den auf Grund des Gesetzes zur Änderung des Körperschaftsteuergesetzes vom 27. August 1936 (RGBl. I S. 701) und des Gesetzes zur Erhöhung der Körperschaftsteuer für die Jahre 1938 bis 1940 vom 25. Juli 1938 (RGBl. I S. 952) verschiedene Steuersätze gelten. Die Körperschaftsteuer ist unbeschadet der Dauer der Abwicklung und der in diesem Zeitraum angeforderten Vorauszahlungen stets nach dem Steuersatz zu bemessen, der für das betreffende Kalenderjahr gilt, in dem die Abwicklung beendet wird. Wenn sich dabei besondere Härten ergeben sollten, können im Einzelfall Erleichterungen gewährt werden.

119. Versicherungsunternehmen

Wegen der besonderen Vorschriften über die Besteuerung der Versicherungsunternehmen Hinweis auf meinen Runderlaß vom 25. Juli 1936 S. 2511 — 45 III, RStBl. 1936 S. 825.

120. Genossenschaften

Wegen der Neuregelung der Körperschaftsteuer der Erwerbs- und Wirtschaftsgenossenschaften Hinweis auf meinen Runderlaß vom 11. Dezember 1939 S. 2515 — 300 III, RStBl. 1939 S. 1198.

121. Abzugsfähigkeit der Kirchensteuer

Steuern, die durch öffentlich-rechtliche Religionsgesellschaften erhoben werden (Kirchensteuern), stellen bei Körperschaften, Personenvereinigungen und Vermögensmassen stets Betriebsausgaben (Werbungskosten) dar. Sie sind demgemäß in voller Höhe abzugsfähig.

Mindestbesteuerung

122. Allgemeines

(1) Ausschüttungen und Vergütungen sind bei der Mindestbesteuerung demjenigen Wirtschaftsjahr zuzurechnen, für das sie gewährt worden sind (§ 30 Absatz 1 der Ersten KStDV.)

(2) § 30 Absatz 2 der Ersten KStDV. enthält eine besondere Bestimmung für die Fälle, in denen für bereits abgelaufene Wirtschaftsjahre Ausschüttungen und Vergütungen nachträglich gewährt werden. Es sind in solchen Fällen Vergütungen der in Betracht kommenden Art dem Wirtschaftsjahr zuzurechnen, das der Beschlußfassung unmittelbar vorangeht. Eine Wiederaufrollung bereits abgeschlossener Veranlagungen soll dadurch vermieden werden.

(3) Es dürfen nach der bisherigen Rechtsprechung des Reichsfinanzhofs (Urteil vom 1. März 1933, RStBl. 1933 S. 903) auf die Mindestbesteuerung, soweit sie auf gewährte Aufsichtsratsvergütungen entfällt (§ 10 Absatz 2 Satz 1 KStG. 1925), einbehaltene Steuerabzüge vom Kapitalertrag nicht angerechnet werden. Diese Rechtsprechung gilt auch zu § 17 Absatz 1 Ziffer 2 KStG.

123. Kurzlebige Wirtschaftsgüter

Die Bewertungsfreiheit für kurzlebige Wirtschaftsgüter des Anlagevermögens (§ 6 Ziffer 1 Satz 4 EStG. und § 6 KStG.) wirkt sich buch- und bilanzmäßig aus. Absetzungen, die § 6 Ziffer 1 Satz 4 EStG. gemäß vorgenommen werden, können demnach bei der Mindestbesteuerung nicht besonders berücksichtigt werden.

124. Berechnung des Mindesteinkommens

(1) Es kommt vor, daß einzelne Gattungen von Aktien oder Anteilen verschiedene Rechte haben, z. B. bei der Verteilung des Gewinns (siehe z. B. § 11 des Aktiengesetzes vom 30. Januar 1937, RGBl. I S. 107, RStBl. 1937 S. 177). Es sind in diesen Fällen Zweifel entstanden, ob die Ausschüttungen in Höhe von 4 v. H. § 17 Absatz 1 Ziffer 1 KStG. gemäß nur aus dem an der Dividende teilnehmenden Kapital oder aus dem gesamten Grund- oder Stammkapital zu berechnen sind. Wenn auf derartige Gruppen von Aktien oder Anteilen mehr als 4 v. H. ausgeschüttet werden, soll dieser Mehrertrag der Mindestbesteuerung unterliegen. Es kommen die folgenden Fälle in Betracht:

a) Die Dividende wird nur an eine Gruppe von Aktionären oder an einen einzelnen Aktionär ausgeschüttet. Die Mindestbesteuerung ist vorzunehmen, wenn die Ausschüttung 4 v. H. des anteiligen Grund- oder Stammkapitals übersteigt.

Beispiel:

Grundkapital einer AG.		1 000 000 RM
davon Stammaktien . .	800 000 RM	
Vorzugsaktien .	200 000 „	

An Dividenden wurden ausgeschüttet:

auf die Vorzugsaktien 7 v. H.	14 000 RM
auf die Stammaktien .	— „

Berechnung der Mindeststeuer:

Ausschüttung	14 000 RM
4 v. H. aus dem anteiligen Grundkapital (200 000 RM)	8 000 „
Mindesteinkommen . .	6 000 RM
Mindeststeuer	1 800 RM

b) Die Dividende wird an einzelne Gruppen von Aktionären in verschiedener Höhe ausgeschüttet. Die Mindestbesteuerung ist vorzunehmen, soweit die Ausschüttung 4 v. H. des anteiligen Grund- und Stammkapitals übersteigt.

Beispiel:

Grundkapital einer AG.		2 000 000 RM
davon Stammaktien .	1 600 000 RM	
Vorzugsaktien	400 000 „	

An Dividende wurden ausgeschüttet:

2 v. H. auf die Stammaktien . . .	32 000 RM
7 v. H. auf die Vorzugsaktien . . .	28 000 „
Zusammen	60 000 RM

Berechnung der Mindeststeuer:

Ausschüttung auf Vorzugsaktien . . .	28 000 RM
4 v. H. des anteiligen Grundkapitals (400 000 RM)	16 000 „
Mindesteinkommen	12 000 RM
Mindeststeuer	3 600 RM

(2) Gesellschafterdarlehen, die steuerlich als verdecktes Stammkapital zu behandeln sind. müssen bei der Mindestbesteuerung als eingezahltes Stammkapital im Sinne des § 17 Absatz 1 Ziffer 1 KStG. betrachtet werden. Hinweis auf das RFH.-Urteil vom 30. August 1938, RStBl. 1938 S. 901.

Beispiel:

Stammkapital einer GmbH. . . .		100 000 RM
davon eingezahlt		60 000 „
Darlehen der Gesellschafter (als verdecktes Stammkapital behandelt) . .		50 000 „
An Dividenden wurden ausgeschüttet	8 000 RM	
An Darlehnszinsen wurden gezahlt	5 000 „	

Berechnung der Mindeststeuer:

Ausschüttung auf Stammkapital . . .	8 000 RM
Gezahlte Darlehnszinsen	5 000 „
	13 000 RM

4 v. H. des eingezahlten Stammkapitals	2 400 RM	
4 v. H. der Gesellschafterdarlehen	2 000 „	4 400 „
	Mindesteinkommen	8 600 RM
	Mindeststeuer	2 580 RM

125. Eigene Aktien oder eigene Anteile.

(1) Es bestehen Zweifel, wie zu verfahren ist, wenn eine Kapitalgesellschaft mehr als 4 v. H. ihres Grund- oder Stammkapitals ausschüttet, jedoch die in ihrem Besitz befindlichen eigenen Aktien oder Anteile bei der Berechnung der Ausschüttung außer Ansatz läßt.

(2) Alle Ausschüttungen sollen nach Sinn und Zweck der Vorschriften über die Mindestbesteuerung der Steuer unterworfen werden, die das Unternehmen über 4 v. H. hinaus seinen Aktionären zuwendet. Es bleiben demgemäß bei der Berechnung des Mindesteinkommens die eigenen Aktien oder Anteile unberücksichtigt.

Beispiel:

Grundkapital	100 000 RM
davon eigene Aktien	10 000 „
Ausgeschüttet werden 10 v. H. aus .	90 000 RM

Berechnung der Mindeststeuer:

10 v. H. aus 90 000 RM	9 000 RM
davon ab 4 v. H. aus 90 000 RM . .	3 600 „
Mindesteinkommen	5 400 RM
Mindeststeuer	1 620 RM

126. Verdeckte Gewinnausschüttungen.

Es ist im § 20 Ziffer 1 der Ersten KStDV. als Beispiel einer verdeckten Gewinausschüttung angeführt:

Ein Gesellschafter führt Vorstandsgeschäfte und erhält dafür ein unangemessen hohes Gehalt.

Es fragt sich, ob Vergütungen, die außer Verhältnis zur Arbeitsleistung stehen und an Mitglieder des Vorstandes oder an andere Angestellte in leitender Stellung, die zugleich Gesellschafter sind, gewährt werden,

§ 17 Absatz 1 Ziffer 1 KStG. oder

§ 17 Absatz 1 Ziffer 3 KStG. gemäß zu besteuern sind.

§ 17 Absatz 1 Ziffer 1 KStG. gemäß gehören zu den Ausschüttungen auch die verdeckten Gewinnausschüttungen. Sie sind für die Mindestbesteuerung wie die offenen Ausschüttungen zu behandeln. Sie dürfen also nur insoweit der Mindestbesteuerung zugrundegelegt werden, als sie 4 v. H. des gesamten eingezahlten Grund- und Stammkapitals übersteigen. Hinweis auf das RFH.-Urteil vom 8. Februar 1938, RStBl. 1938 S. 469.

Veranlagung und Entrichtung der Körperschaftsteuer

127. Ermäßigter Steuersatz.

(1) Das langfristige Kreditgeschäft wird durch den auf die Hälfte ermäßigten Steuersatz (§ 19 Absatz 2 Ziffer 1 KStG., Artikel 3 Ziffer 2 des Gesetzes zur Änderung des Körperschaftsteuergesetzes vom 27. August 1936 und § 1 Ziffer 2 des Gesetzes zur Erhöhung der Körperschaftsteuer für die Jahre 1938 bis 1940) begünstigt. Kredite sind langfristig, wenn bei ihnen von vornherein vereinbart ist, daß sie nicht binnen vier Jahren zurückzuzahlen sind.

(2) Der ermäßigte Steuersatz wird im Hinblick auf die Begünstigung der Hypothekenbanken auch den Kreditanstalten des öffentlichen Rechts, die sich auf die sogenannten reinen Hypothekenbankgeschäfte (§ 5 des Hypothekenbankgesetzes) beschränken, zugestanden.

128. Übersicht der Steuersätze.

Jahr	Wenn das Einkommen 100000 *RM* übersteigt		Im übrigen	
	§ 19 Absatz 1	§ 19 Absatz 2	§ 19 Absatz 1	§ 19 Absatz 2
1934	20	10	20	10
1935	20	10	20	10
1936	25	12,5	25	12,5
1937	30	15	30	15
1938	35	17,5	30	15
1939	40	20	30	15

129. Abgabe der Steuererklärung.

(1) Es kann von der Anforderung einer Steuererklärung abgesehen werden bei Körperschaften, Personenvereinigungen und Vermögensmassen, deren Steuerfreiheit sich unmittelbar aus dem Gesetz ergibt und nicht von besonderen Voraussetzungen abhängt.

(2) Es kann bei den Körperschaften, Personenvereinigungen und Vermögensmassen, die nur unter besonderen Voraussetzungen von der Steuer befreit sind, die Anforderung einer Steuererklärung unterbleiben, wenn das Finanzamt die Voraussetzungen der Steuerfreiheit in vollem Umfang als gegeben ansieht.

(3) Wenn Zweifel wegen der Steuerpflicht bestehen, kann das Finanzamt die Abgabe einer Steuererklärung verlangen (§§ 166 und 167 AO.). Es ist jedoch zweckmäßig, in solchen Fällen zunächst die Abgabe einer Erklärung über die für die Beurteilung der Steuerpflicht wesentlichen Tatsachen zu verlangen. Wenn die angestellten Ermittlungen nicht zu der erforderlichen Klarheit führen, ist die Abgabe einer Steuererklärung zu verlangen.

130. Entrichtung der Steuer.

Die einbehaltenen Steuerabzüge vom Kapitalertrag dürfen auf den Teil der veranlagten Körperschaftsteuer, der auf die gewährten Aufsichtsratsvergütungen entfällt, nicht angerechnet werden. Hinweis auf das RFH.-Urteil vom 23. Oktober 1934, RStBl. 1935 S. 588.

Berlin, 15. Januar 1940.

Anhang F

Körperschaftsteuer-Ergänzungsrichtlinien (KStER.) für 1940

RdF.-Erlaß vom 22. Fetbruar 1941
(S. 2560—50 III)

1. Einführung.

Die Einkommensteuer-Richtlinien und Körperschaftsteuer-Richtlinien für 1939 (EStR. für 1939), Abschnitte 96 bis 130 gelten grundsätzlich auch für die Veranlagung zur Körperschaftsteuer für 1940. Die EStR. für 1939 werden in den folgenden Abschnitten in einzelnen Punkten geändert oder ergänzt. Es gelten daneben die Bestimmungen der EStR. für 1939 Abschnitte 1 bis 95 und die Einkommensteuer-Ergänzungsrichtlinien (EStER.) für 1940 (RdF.-Erlaß vom 15. Februar 1941 S. 2209—850 III, RStBl. 1941 S. 137) sinngemäß auch für die Veranlagung zur Körperschaftsteuer 1940, soweit die Bestimmungen für die Körperschaftsteuer in Betracht kommen.

2. Vereinfachung der Besteuerung der kleinen Körperschaften.

(1) Im Krieg muß die Verwaltungsarbeit mehr als sonst vereinfacht werden. Es darf insbesondere die Beschäftigung mit den kleinen und kleinsten Fällen, die ein nur kleines Aufkommen bringen, nicht dazu führen, daß die wirklich lohnenden Veranlagungsfälle nicht genügend sorgfältig bearbeitet werden.

(2) Ich ermächtige deshalb die Finanzämter, während der Dauer des Krieges bei der Bearbeitung der kleinen und kleinsten Fälle großzügig zu verfahren, wenn die Veranlagungsarbeit offensichtlich außer Verhältnis zu dem zu erwartenden Aufkommen steht. Das gilt insbesondere für die Besteuerung der Vereine und Stiftungen, der Betriebe gewerblicher Art von Körperschaften des öffentlichen Rechts und der gemeinnützigen oder mildtätigen Körperschaften mit einem wirtschaftlichen Geschäftsbetrieb. Ich bitte, in diesen Fällen möglichst von der Pauschbesteuerung § 21 KStG. gemäß Gebrauch zu machen. In geeigneten Fällen kann von einer Veranlagung abgesehen werden, insbesondere bei Zweifeln über die persönliche Steuerpflicht kleiner Körperschaften mit einem unbedeutenden Einkommen.

(3) Wegen der Genossenschaften Hinweis auf die Abschnitte 8 und 9.

3. Konzessionsabgaben der öffentlichen Versorgungsbetriebe

(1) Ich habe in meinem Erlaß vom 20. August 1938 S 2506—15 III (RStBl. 1938 S. 801) bestimmt, daß angemessene Konzessionsabgaben bei öffentlichen Ver-

sorgungsbetrieben stets als Betriebsausgaben anzuerkennen sind, erstmals bei der Veranlagung zur Körperschaftsteuer für 1938.

(2) Ich beabsichtige, Bestimmungen über die Höhe der zulässigen Konzessionsabgaben zu erlassen. Die Verhandlungen mit den zuständigen Stellen werden voraussichtlich bald abgeschlossen sein. Ich bitte, die öffentlichen Versorgungsbetriebe bis zur Herausgabe der Bestimmungen vorläufig zu veranlagen.

4. Veräußerung von Betrieben gewerblicher Art von Körperschaften des öffentlichen Rechts

EStR. für 1939 Abschnitt 36

Gewinne, die bei der Veräußerung eines Betriebes gewerblicher Art, z. B. eines Versorgungsbetriebes, erzielt werden, unterliegen § 16 Absätze 1 bis 3 EStG. in Verbindung mit § 6 KStG. gemäß der Körperschaftsteuer. Die Vorschriften des § 16 Absätze 4 und EStG. sind für die Körperschaftsteuer nicht anwendbar. Hinweis auf die Anlage 4 zu den EStR. für 1939.

5. Verlustabzug bei Betrieben gewerblicher Art von Körperschaften des öffentlichen Rechts

EStR. für 1939 Abschnitt 111

Der Verlustabzug steht nur Betrieben gewerblicher Art zu, die Bücher nach den Vorschriften des Handelsgesetzbuchs führen. Betriebe, die nur eine Einnahme- und Ausgabenrechnung aufstellen, können den Verlustabzug demgemäß nicht geltend machen. Wird aber z. B. eine kameralistische Buchführung durch die jährliche Aufstellung von Vermögensübersichten ergänzt, so wird eine solche Buchführung in der Regel den Anforderungen genügen, die an eine einfache kaufmännische Buchführung zu stellen sind. Der Verlustabzug kann in solchen Fällen in Anspruch genommen werden. Es ist aber immer Voraussetzung, daß während des Wirtschaftsjahrs besondere Bücher für den einzelnen Betrieb gewerblicher Art geführt werden.

Beispiel:

Eine Gemeinde zeichnet alle Einnahmen und Ausgaben in einem einzigen Buch auf. Am Schluß des Jahrs werden für jeden einzelnen Betrieb die Einnahmen und Ausgaben auf Grund der Eintragungen in diesem Buch zusammengestellt. Der Verlustabzug kann nicht in Anspruch genommen werden.

6. Mindestbesteuerung bei Betrieben gewerblicher Art von Körperschaften des öffentlichen Rechts

EStR. für 1939 Abschnitte 122 bis 126

Die Vorschriften über die Mindestbesteuerung sind auf alle Körperschaften, Personenvereinigungen und Vermögensmassen anzuwenden, die der unbeschränkten oder der beschränkten Körperschaftsteuerpflicht unterliegen. Die Vorschrift des § 17 Absatz 1 Ziffer 1 KStG. ist deshalb auch auf Betriebe gewerblicher Art anwendbar.

7. Schülerheime als Hoheitsbetriebe

Es sind mit den öffentlichen Schulen oft Schülerheime verbunden. Sind diese erforderlich, um den Unterrichts- und Erziehungszweck zu erreichen, ist der Betrieb der Schülerheime bei der Körperschaftsteuer als Erfüllung einer öffentlich-rechtlichen Aufgabe anzusehen.

8. Ländliche Kleinstgenossenschaften

EStR. für 1939 Abschnitt 120

Ich habe in meinem Erlaß vom 11. Dezember 1939 S 2515—300 III (RStBl. 1939 S. 1198) die Finanzämter ermächtigt, von einer Veranlagung der ländlichen Kleinstgenossenschaften abzusehen. Ich bitte, dabei nach den folgenden Grundsätzen zu verfahren:

a) Ländliche Genossenschaften, bei denen nach Art und Umfang ihres Betriebs in der Regel nur kleine Gewinne entstehen, sind zur Körperschaftsteuer nicht zu veranlagen, wenn anzunehmen ist, daß der steuerliche Gewinn für 1940 750 RM nicht übersteigt. Es ist in diesen Fällen auch von einer Veranlagung zur Gewerbesteuer abzusehen, wenn anzunehmen ist, daß das Gewerbekapital 10000 RM nicht übersteigt. Der Reichsminister des Innern hat sich mit dieser Regelung einverstanden erklärt.

b) Bei der Veranlagung von ländlichen Genossenschaften, deren Gewinn 750 RM, aber nicht 2000 RM übersteigt, ist großzügig zu verfahren. Wenn die Ermittlung des Einkommens auf Schwierigkeiten stößt, ist von der Möglichkeit der Pauschalierung § 21 KStG. gemäß weitgehend Gebrauch zu machen.

9. Steuerabzug vom Kapitalertrag bei Genossenschaften

EStR. für 1939 Abschnitt 120

(1) Die Warenrückvergütungen unterliegen dem Steuerabzug vom Kapitalertrag, soweit sie § 5 der Verordnung über die Körperschaftsteuer der Erwerbs- und Wirtschaftsgenossenschaften — KStGenV. — vom 8. Dezember 1939 gemäß bei der Ermittlung des steuerpflichtigen Gewinns nicht abgezogen werden können.

(2) Der steuerpflichtige Teil der Warenrückvergütungen wird von den Genossenschaften oft nicht richtig berechnet. Ich bin damit einverstanden, daß von einer genauen Nachprüfung des Steuerabzugs abgesehen wird, wenn es sich nur um kleine Steuerbeträge handelt. Es kann auch eine Berichtigung des Steuerabzugs unterbleiben, wenn die Abweichung unbedeutend ist.

10. Besteuerung der Kartelle und der Syndikate

Die Besteuerung der Kartelle und der Syndikate wird voraussichtlich in einer besonderen Verordnung geregelt werden. Diese Regelung soll auch den Veranlagungszeitraum 1940 umfassen. Ich bitte, zunächst die Veranlagung von Kartellen und Syndikaten für das Kalenderjahr 1940 und Nachveranlagung und Berichtigungsveranlagungen für die vorangegangenen Kalenderjahre zu unterlassen.

11. Pensions- und Unterstützungskassen

EStR. für 1939 Abschnitt 105

Pensions- und Unterstützungskassen sind von der Körperschaftsteuer für 1940 befreit:

a) wenn sie die Voraussetzungen der §§ 13 bis 15 der Ersten KStDV. in Verbindung mit Abschnitt 2 meines Erlasses vom 15. Dezember 1938 (RStBl.

1938 S. 1181) erfüllen. Hinweis auch auf Abschnitt 2 meines Erlasses vom 11. Mai 1940 (RStBl. 1940 S. 529),

b) wenn sie vor dem 1. Januar 1936 gegründet worden sind, die Voraussetzungen des § 9 Absatz 1 Ziffer 10 KStG. 1925 erfüllen und am 31. Dezember 1940 auf die Steuerbefreiungsvorschriften des KStG. 1934 (Hinweis auf den Buchstaben a) umgestellt sind. Kassen, die am 31. Dezember 1940 nicht umgestellt sind und denen auch keine Fristverlängerung für die Umstellung auf Grund meines Erlasses vom 16. Dezember 1940 (RStBl. 1940 S. 1049) gewährt worden ist, sind bereits für das Kalenderjahr 1940 zur Körperschaftsteuer heranzuziehen. Hinweis auf meinen Erlaß vom 25. November 1939 (RStBl. 1939 S. 1141).

12. Zuwendungen an Pensions- und Unterstützungskassen

EStR. für 1939 Abschnitt 106

(1) Die Voraussetzungen, unter denen angemessene Zuwendungen an steuerfreie und steuerpflichtige Pensions- und Unterstützungskassen als Betriebsausgaben abgezogen werden dürfen, ergeben sich aus Abschnitt 3 meines Erlasses vom 15. Dezember 1938 (RStBl. 1938 S. 1181) und aus Abschnitt 3 meines Erlasses vom 11. Mai 1940 (RStBl. 1940 S. 529).

(2) Zuwendungen an nicht umgestellte Kassen, die bisher auf Grund des § 9 Absatz 1 Ziffer 10 KStG. 1925 befreit waren, sind bei der Veranlagung für 1940 als Zuwendungen an steuerbefreite Kassen zu behandeln, wenn die Umstellungsfrist für die Kasse im Zeitpunkt der Zuwendung noch nicht abgelaufen war. Das gilt auch dann, wenn die Umstellungsfrist im Einzelfall auf Grund meines Erlasses vom 16. Dezember 1940 (RStBl. 1940 S. 1049) über den 31. Dezember 1940 hinaus verlängert worden ist.

Beispiele:

A. Ein Unternehmer hat der Unterstützungskasse seines Betriebs für 1940 10 000 RM im Dezember 1940 und 20 000 RM im Februar 1941 zugewendet. Die allgemeine Umstellungsfrist (31. Dezember 1940) ist abgelaufen, ohne daß die Kasse umgestellt worden ist. Das Finanzamt hat die Verlängerung der Umstellungsfrist abgelehnt. Die Zuwendung im Dezember 1940 ist bei der Einkommensermittlung für 1940 voll abzugsfähig. Die Zuwendung im Februar 1941 ist als Zuwendung an eine nicht steuerbefreite Kasse nur beschränkt abzugsfähig.

B. Das Finanzamt hat in dem Beispiel zu A die Umstellungsfrist bis zum 30. Juni 1941 verlängert. Es ist in diesem Fall auch die Zuwendung im Februar 1941 bei der Einkommensermittlung für 1940 voll abzugsfähig.

13. Pensions- und Unterstützungskassen in der Ostmark und in den früheren sudetendeutschen Gebieten

Entfällt.

14. Wirtschaftlicher Geschäftsbetrieb

Es haben sich bei der Veranlagung von Körperschaftsteuerpflichtigen, die nicht unter § 19 der Ersten KStDV. fallen, Zweifel ergeben, wie die Einkünfte aus einem wirtschaftlichen Geschäftsbetrieb zu behandeln sind, der infolge Fehlens einer Gewinnerzielungsabsicht nicht als Gewerbebetrieb anzusehen ist. Diese Einkünfte sind bis auf weiteres für die Körperschaftsteuer als Einkünfte aus Gewerbebetrieb zu behandeln, soweit es sich nicht um Einkünfte aus Land- und Forstwirtschaft handelt.

15. Mitgliederbeiträge

EStR. für 1939 Abschnitt 112

Mitgliederbeiträge, die auf Grund der Satzung erhoben werden, bleiben § 8 KStG. gemäß bei der Ermittlung des Einkommens außer Ansatz. Es genügt, daß eine der folgenden Voraussetzungen erfüllt sind:

a) Die Mitgliederbeiträge sind ihrer Art und ihrer Höhe nach in der Satzung genau bestimmt.

Beispiel:

Die Satzung eines Vereins bestimmt, daß jedes Mitglied 12 RM Jahresbeitrag zu entrichten hat.

b) Es ist in der Satzung ein bestimmter Berechnungsmaßstab für die Mitgliederbeiträge vorgesehen.

Beispiel:

Die Satzung eines Siedlervereins bemißt den Beitrag der Mitglieder nach der Quadratmeterzahl der von den Siedlern genutzten Bodenfläche.

c) Es ist in der Satzung ein Organ bestimmt, das die Beiträge der Höhe nach festzusetzen hat. Das Organ setzt die Beiträge erkennbar fest.

Beispiel:

Die Satzung sieht vor, daß die jährliche Mitgliederversammlung die Beiträge für eine bestimmte Zeit und in einer bestimmten Höhe festzusetzen hat.

Hinweis auf die RFH.-Urteile vom 2. April 1940 (RStBl. 1940 S. 611) und vom 20. Dezember 1940 (RStBl. 1941 S. 69).

16. Einkünfte der Familienstiftungen aus außerordentlichen Waldnutzungen

EStR. für 1939 Abschnitt 88

Mehreinschläge, die die Waldbesitzer auf Grund der Anordnungen des Reichsforstmeisters vornehmen, sind außerordentliche Waldnutzungen (Hinweis auf EStR. für 1939 Abschnitt 88 Absatz 2 Ziffer 1). Außerordentliche Waldnutzungen der Einkommensteuerpflichtigen unterliegen § 34 Absatz 3 EStG. gemäß einem ermäßigten Steuersatz. Ich habe die Finanzämter in meinem nicht veröffentlichten Erlaß vom 6. August 1937 S 2504 — 70 III ermächtigt, für Familienstiftungen mit forstwirtschaftlichem Grundbesitz im Einzelfall auf Antrag eine entsprechende Regelung im Billigkeitsweg zu treffen. Diese Ermächtigung besteht weiter. Es müssen in jedem Fall die Voraussetzungen des § 34 Absatz 3 EStG. gegeben sein. Es darf demgemäß kein Bestandsvergleich für das stehende Holz vorgenommen werden.

Anhang G

Anleitung zur Ausfüllung der vierteljährlichen Erklärung über die Einkommensverhältnisse

Vorbemerkung

Nach Artikel XVI Ziffer 3 des Gesetzes Nr. 12 der alliierten Kontrollbehörde — Kontrollrat vom 11. Februar 1946 — hat jede Körperschaft gleichzeitig mit der Vorauszahlung auf die Körperschaftsteuer eine „vierteljährliche Erklärung" abzugeben, in der sie angeben muß, wie sie die Vorauszahlung berechnet hat.

Vorauszahlungen auf die Körperschaftsteuer sind am 10. April, 10. Juli, 10. Oktober und am 10. Januar jeden Jahres, erstmals zum 10. April 1946, zu entrichten.

Die am 10. April 1946 fällige Körperschaftsteuer-Vorauszahlung ist unter Zugrundelegung des in der Zeit vom 1. Januar 1946 bis zum 31. März 1946 erzielten Einkommens zu berechnen und bemißt sich nach der dem Gesetz Nr. 12 als Anlage C beigefügten Tabelle zur Berechnung der Körperschaftsteuer. Das Finanzamt kann die Richtigkeit der von der Körperschaft in ihrer vierteljährlichen Erklärung gemachten Angaben sofort nachpüfen.

Falls die vierteljährlichen Vorauszahlungen 25 v. H. oder mehr unter dem tatsächlichen Betrag der endgültig für das Vierteljahr zu zahlenden Steuern liegen, muß der Steuerpflichtige als Strafe eine zusätzliche Steuer zahlen, die sich auf 15 v. H. der endgültig für das betreffende Vierteljahr errechneten Summe beläuft. Bei der Ermittlung, ob ein Minderbetrag von 25 v. H. oder mehr besteht, wird ein für ein Vierteljahr zuviel bezahlter Betrag dem Steuerpflichtigen für die Steuerzahlung des folgenden Vierteljahres gutgeschrieben.

Unrichtige und unvollständige Angabe in der vierteljährlichen Erklärung sind strafbar. Es müssen auch diejenigen Einnahmen angegeben werden, die nicht für steuerpflichtig gehalten werden. Die Feststellung, ob die Steuerpflicht wegen dieser Einnahmen gegeben ist, steht allein dem Finanzamt zu.

Wird die Erklärung nicht oder nicht rechtzeitig abgegeben, kann ein Zuschlag bis zu 10 v. H. der endgültig festgesetzten Steuer auferlegt werden. Die Abgabe der Erklärung kann durch Strafen erzwungen werden.

Ermittlung des Einkommens

Nach Artikel VIII des Gesetzes Nr. 12 der alliierten Kontrollbehörde — Kontrollrat vom 11. Februar 1946 — sind bei der Veranlagung zur Einkommensteuer bzw. Körperschaftsteuer und zur Besteuerung außerordentlicher Gewinne für natürliche oder juristische Personen und bei der Errechnung der Steuerschuld dieser Personen für die verflossenen Jahre keine Gutschriften und keine Ermäßigungen für aus folgenden Ursachen entstandene Verluste zu gewähren:

a) Wehrmachtsaufträge,
b) öffentliche Schuld,
c) durch den Krieg verursachte Zerstörungen oder Beschädigungen,
d) Steuergutscheine,

Bei der Bewertung der Warenbestände bei Beginn und am Schluß des Kalendervierteljahres sind die gleichen Bewertungsgrundsätze anzuwenden.

Löhne und Gehälter sowie Ausgaben, die für

a) Leistungen aus der Zeit vor Beginn des letzten Kalendervierteljahres,
b) Aufräumungs- und Instandsetzungsarbeiten von Gebäuden, Anlagen, Maschinen usw. zur Beseitigung von Kriegseinwirkungen

entstanden sind, sind nicht abzugsfähig, da sie durch Ereignisse vor Beginn des letzten Kalendervierteljahres veranlaßt sind und nach den Bestimmungen das Ergebnis des Ermittlungszeitraums nicht beeinflussen dürfen.

Sofern der im 1. Kalendervierteljahr erzielte Gewinn in anderer Weise, als im Erklärungsvordruck vorgesehen, ermittelt worden ist, ist die Gewinnermittlung in einer Anlage zum Erklärungsvordruck darzustellen. Geschätzte Gewinnberechnungs-Posten sind als solche zu kennzeichnen.

Nicht abzugsfähig sind:

1. unzulässige oder zu hohe Absetzungen für Abnutzung und für Substanzverringerung (§ 6 KStG., § 6 Ziffer 1, § 7 Absatz 1 und 2 EStG.),
2. unzulässige oder zu hohe Abschreibungen oder Rückstellungen (§ 6 KStG., § 6 EStG.),
3. Zuführungen zu Rücklagen (Reserven),
4. verdeckte Gewinnausschüttungen (§ 6 KStG.),
5. Aufwendungen für die Erfüllung von Zwecken des Steuerpflichtigen, die durch Stiftung, Satzung oder sonstige Verfassung vorgeschrieben sind (§ 12 Ziffer 1 KStG.),
6. die nicht abzugsfähigen Steuern und Abgaben,
   a) Körperschaftsteuer einschließlich Kriegszuschlag (§ 12 Ziffer 2 KStG.),
   b) Kapitalertragsteuer einschließlich Kriegszuschlag, soweit einbehalten (§ 12 Ziffer 2 KStG.),
   c) Rücklagen für die bezeichneten Steuern und Abgaben,
7. Vergütungen jeder Art an Mitglieder des Aufsichtsrats, Verwaltungsrats oder andere mit der Überwachung der Geschäftsführung beauftragte Personen, die das Wirtschaftsjahr belastet haben (§ 12 Ziffer 3 KStG.) — einschließlich des vom Steuerpflichtigen

getragenen Steuerabzugs von Aufsichtsratsvergütungen — (dazu gehören auch Tagegelder, Sitzungsgelder, Reisegelder und sonstige Aufwandsentschädigungen, soweit sie den im Einzelfall erforderlichen Aufwand übersteigen),

8. Ausgaben zu gemeinnützigen, mildtätigen, kirchlichen und ähnlichen Zwecken, z. B. Spenden (§ 12 Ziffer 4 KStG.),

9. sonstige nicht abzugsfähigen Ausgaben (z. B. Schuldzinsen, die in wirtschaftlichem Zusammenhang mit der steuerfreien Dividende einer Schachtelgesellschaft stehen).

Berechnung der Körperschaftsteuer

Artikel IV des Gesetzes Nr. 12

Körperschaftsteuer — Erhöhung der Steuersätze

1. Die Sätze für die Körperschaftsteuer (§ 19 Absatz 1 des Körperschaftsteuergesetzes) sind die folgenden:

a) bei Einkommen bis zu 50 000 RM	35 v. H.
b) bei Einkommen von 50 000 RM bis zu 100 000 RM	45 v. H.
c) bei Einkommen von 100 000 RM bis zu 500 000 RM	60 v. H.
d) bei Einkommen über 500 000 RM	65 v. H.

2. Zur Vermeidung von Unbilligkeiten in Grenzfällen wird die folgende Angleichung vorgesehen: Wenn das Einkommen einer Körperschaft in eine der in den Absätzen b, c oder d der obigen Ziffer 1 angeführten Stufen fällt, soll der fällige Steuerbetrag nicht höher sein als

a) die Steuer für das höchste Einkommen der nächstniedrigeren Steuerstufe mit einem Zuschlag von

b) 90 v. H. des Unterschieds zwischen dem Gesamteinkommen und dem höchsten Einkommen der nächstniedrigeren Stufe.

3. Die praktische Anwendung dieser Bestimmungen ist aus Anlage C ersichtlich.

Anlage C

Tabelle zur Berechnung der Körperschaftsteuer

Einkommen	Zu erhebender Steuerbetrag
bis 50 000 RM	. . 35 v. H. des Gesamteinkommens,
über 50 000 bis 61 110 RM	17 500 RM u. dazu 90 v. H. der 50 000 RM übersteigenden Summe,
„ 61 110 bis 100 000 RM	. . 45 v. H. des Gesamteinkommens,
„ 100 000 bis 150 000 RM	45 000 RM u. dazu 90 v. H. der 100 000 RM übersteigenden Summe,
„ 150 000 bis 500 000 RM	. 60 v. H. des Gesamteinkommens,
„ 500 000 bis 600 000 RM	300 000 RM u. dazu 90 v. H. der 500 000 RM übersteigenden Summe,
„ 600 000 RM	. . 65 v. H. des Gesamteinkommens.

Anhang H

Magistrat der Stadt Berlin
Finanzamt für Körperschaften
Steuernummer ....

Der Vordruck ist auszufüllen und bis zum 10. d. M. nach Quartalsschluß bei dem Finanzamt einzureichen

Erklärung über die Einkommensverhältnisse im ..... Kalendervierteljahr 1946

d....... (Firma).. in...,
Straße:....................................., Geschäftsleitung:...,
Sitz:................................., Fernsprechanschluß:...,
Gesetzliche (r) Vertreter (Name [n]):...,
Wohnort:..................................., Straße:.., Nr........,
Fernsprechanschluß: ...., Gegenstand des Unternehmens: ....

A. Einkommen bzw. Gewinn

(Sämtliche Angaben in diesem Abschnitt sind für das abgelaufene Kalendervierteljahr zu machen)

Gesamtumsatz, errechnet nach dem bei Abgabe der Umsatzsteuervoranmeldungen angewandten Verfahren . . . . RM

Forderungen aus Lieferung und Leistungen

a) bei Beginn des Kalendervierteljahrs*) . . . . — .... RM .... RM

b) am Schlusse des Kalendervierteljahrs*) . . . . . . + ... RM

Gesamtsollumsatz . . . . RM

Davon ab: a) Wareneinkäufe nach Wareneingangsbuch oder Warenkonto . ... RM

b) Warenbestand bei Beginn des Kalendervierteljahrs + ... RM

.... RM

c) Warenbestand am Schluß des Kalendervierteljahrs — .... RM

d) Waren- oder Materialeinsatz . . — .... RM

Rohgewinn .... RM

e) Löhne und Gehälter .... RM

f) Sonst. Unkosten + ... RM — .... RM

Gewinn (+) oder Verlust (—) .... RM

Sonstige Gewinne außerhalbe des Warenverkehrs — Erläuterungen auf einer Anlage machen — . . . . + ... RM

Gesamteinkommen .... RM

*) Nicht auszufüllen, wenn in den Umsatzsteuervoranmeldungen nicht die vereinnahmten Entgelte, sondern die den Abnehmern in Rechnung gestellten Beträge angegeben worden sind.

B. Angaben zur Ermittlung des Mindesteinkommens (§ 17 KStG.)

(Der Abschnitt B ist in jedem Falle auszufüllen, einerlei, ob im Abschnitt A ein Verlust oder ein Gewinn ausgewiesen ist)

1. In welcher Hohe sind in dem vorseitig bezeichneten Kalendervierteljahr Ausschüttungen vorgenommen worden? . . . . RM
   a) Die Ausschüttung ist in der Haupt- (Gesellschafter-) Versammlung vom . . . für das Wirtschaftsjahr . . . . . beschlossen worden,
   b) 25 v. H. des Kapitalertrags = ... RM sind einbehalten und am . . . . . 194 . . an das Finanzamt (Finanzkasse) . . . . abgeführt worden.
2. Welche Vergütungen sind den Mitgliedern des Aufsichtsrats, Verwaltungsrats, Grubenvorstandes oder anderen mit der Überwachung der Geschäftsführung beauftragten Personen in dem bezeichneten Kalendervierteljahr gewährt worden? . . RM
   (Dazu gehören auch geleisteter Steuerabzug, Tagegelder, Reisegelder und sonstige Aufwandsentschädigungen, soweit sie den fur den Einzelfall erforderlichen Aufwand übersteigen.)
   Davon sind insgesamt 65 v. H. = . . . RM Steuerabzug einbehalten und an das Finanzamt (Finanzkasse) . . . . . abgeführt worden.
3. Welche Vergütungen jeder Art sind den Mitgliedern des Vorstands oder anderen Angestellten in leitender Stellung (z. B. Prokuristen, Geschäftsführer) für ihre Tätigkeit gewährt worden? . . . . RM
   (Dazu gehören Gehälter, Aufwandsentschädigungen, Tantiemen und Grati-

fikationen, sonstige Bezüge an Geld und Geldeswert, wie freie Wohnung, Lebensversicherungsprämie usw).

(Zu den Ziffern 2 und 3 sind Einzelaufstellungen beizufügen, die Namen, Wohnort, Straße und Hausnummer des Empfängers, außerdem den Tag der Zahlung und den Betrag enthalten müssen!)

C. Sonstiges

1. An dem Grundkapital der Gesellschaft von RM sind beteiligt (nur von GmbH. auszufüllen):
2. In den Unkosten sind . . . . . RM Zinsen für . . . . RM langfristige Geschäftsschulden enth' lten.
3. In den Löhnen und Gehältern sind . . . . . RM Vergütungen jeder Art enthalten, die an am Grund- oder Stammkapital wesentlich Beteiligte oder an ihre Ehegatten für eine Beschäftigung im Betrieb gewährt worden sind.

D. Zahlungen

1 Die Körperschaftsteuer-Vorauszahlung fur das vorbezeichnete Kalendervierteljahr in Höhe von . . . . RM ist am . . . . an das Finanzamt (Finanzkasse) . . . . entrichtet worden.

2. Die Gewerbesteuer-Vorauszahlung für das vorbezeichnete Kalendervierteljahr in Höhe von . . . . RM ist am . . . . an das Finanzamt (Finanzkasse) entrichtet worden.

Wir versichern, daß wir die Angaben nach bestem Wissen und Gewissen richtig und vollständig gemacht haben.

.................................., den .... 194...... ....

Ort Unterschrift

Erklärungen ohne Unterschrift gelten als nicht abgegeben.

Zuwendungen an Pensionskassen und Unterstützungskassen

RdF.-Erlaß vom 26. Januar 1944 — S. 2513 — 155 III — (RStBl. 1944 S. 33 Nr. 44)

1. Grundsatz

Zuwendungen an betriebliche Pensionskassen oder Unterstützungskassen, die § 4 Absatz 1 Ziffer 7 KStG. gemäß von der Körperschaftsteuer befreit sind, sind bei der steuerlichen Gewinnermittlung als abzugsfähige Betriebsausgaben zu behandeln, soweit sie sich in angemessenem Umfang (Hinweis auf Abschnitt 2) halten. Zuwendungen an betriebliche Pensionskassen oder Unterstützungskassen, die nicht von der Körperschaftsteuer befreit sind, bilden in der Regel abzugsfähige Betriebsausgaben nur in der Höhe, in der aus der Kasse in demselben Wirtschaftsjahr an die Leistungsberechtigten Zuwendungen gewährt werden. Hinweis auf Abschnitt 3 meines Erlasses vom 15. Dezember 1938 RStBl. 1938 S. 1181.

2. Angemessenheit der Zuwendungen

Angemessen sind Zuwendungen in der Regel nur insoweit, als sie

a) einen bestimmten Hundertsatz der Lohn- und Gehaltsumme nicht übersteigen, die der Unternehmer im Jahr der Zuwendung für die Leistungsberechtigten der Kasse aufwendet (Hinweis auf Abschnitt 3 meines Erlasses vom 15. Dezember 1938 und Abschnitt 3 unten) und außerdem

b) nicht zur Ansammlung eines unangemessenen hohen Kassenvermögens führen (Hinweis auf Abschnitt 3c meines Erlasses vom 11. Mai 1940 RStBl. 1940 S. 529, und die Abschnitte 4 bis 6 unten).

3. Hundertsatz der Lohn- und Gehaltsumme.

Der Hundertsatz der Lohn- und Gehaltsumme Abschnitt 2a gemäß beträgt bis auf weiteres zehn vom Hundert (bisher zwanzig vom Hundert).

4. Angemessenes Kassenvermögen.

(1) Als angemessenes Kassenvermögen Abschnitt 2b gemäß sind bis auf weiteres die folgenden Beträge anzusehen:

a) bei Kassen mit Rechtsanspruch der Leistungsempfänger (insbesondere Pensionskassen, § 14 der Ersten KStDV.):

das Deckungskapital, das nach versicherungsmäßigen Grundsätzen erforderlich ist, insbesondere für die Anwartschaften auf Altersrenten, Invalidenrenten Witwenrenten und Waisenrenten, für die bereits laufenden Renten und für etwaige Sterbegeldverpflichtungen (Hinweis auf Abschnitt 5 Absatz 1);

b) bei Kassen ohne Rechtsanspruch der Leistungsempfänger (Unterstützungskassen, § 15 der Ersten KStDV), wenn im Fall des Alters oder der Invalidität laufende Unterstützungen, Altersunterstützungen, Invalidenunterstützungen, Witwenunterstutzungen und Waisenunterstützungen) gewährt werden:

das Deckungskapital für die bereits laufenden Unterstützungen und für die Anwartschaften der Leistungsempfänger auf Witwenunterstützungen und Waisenunterstützungen (Hinweis auf Abschnitt 5 Absatz 2);

c) bei Kassen ohne Rechtsanspruch der Leistungsempfänger (Unterstützungskassen, § 15 der Ersten KStDV.), wenn andere Leistungen (z. B. Leistungen von Fall zu Fall, insbesondere Sterbegeld, Unterstützungen in Notfällen) gewährt werden:
der durchschnittliche Jahresbedarf der Kasse (Hinweis auf Abschnitt 6).

(2) Zuwendungen an eine Kasse sind insoweit nicht abzugsfähig, als dadurch das angemessene Kassenvermögen überschritten würde. Ist das Vermögen einer Kasse größer als das angemessene Kassenvermögen, so sind Zuwendungen an die Kasse so lange nicht abzugs-

fähig, bis das Kassenvermöger unter den angemessenen Betrag gesunken ist.

5 Berechnung des Deckungskapitals

(1) Deckungskapital der Pensionskassen (Abschnitt 4 Absatz 1a) ist das Deckungskapital, das nach den Grundsätzen und Weisungen der Versicherungsaufsichtsbehörde berechnet ist

(2) Das Deckungskapital der Unterstützungskassen (Abschnitt 4 Absatz 1b) ist nach der anliegenden Tabelle zu berechnen Es sind dabei nur die Leistungsempfänger zu berücksichtigen, die bereits laufende Unterstützungen beziehen. Die Anwartschaften der Gefolgschaftsmitglieder sind nicht zu berücksichtigen (wegen der Anwartschaften der Witwen und Waisen Hinweis auf Absatz 3). Es ist der Jahresbetrag der Unterstützung mit dem Betrag zu vervielfachen, der dem Alter des betreffenden Leistungsempfängers (Spalte 1 der Tabelle) entspricht. Dieser Betrag (Vervielfacher) ergibt sich aus Spalte 2 der Tabelle.

Beispiel:

Ein Angestellter im Alter von 75 Jahren befindet sich im Ruhestand. Er bezieht eine laufende Unterstützung von jährlich 900 RM. Das Deckungskapital für den Angestellten beträgt $900 \times 8 = 7200$ RM.

(3) In den Beträgen in Spalte 2 der Tabelle ist bereits berücksichtigt daß neben der laufenden Unterstützung eine Anwartschaft auf Witwenunterstützung und Waisenunterstützung bestehen kann. Es kommt dabei nicht darauf an, wie groß die Witwenunterstützung oder die Waisenunterstützung ist. Spalte 2 ist auch in den Fällen anzuwenden, in denen eine solche Anwartschaft nicht vorgesehen ist oder eine Witwenunterstützung und Waisenunterstützung aus anderen Gründen nicht in Betracht kommt (z. B. weil das Gefolgschaftsmitglied unverheiratet ist). Tritt der Fall der Witwenunterstützung ein, so ist nicht mehr Spalte 2, sondern Spalte 3 der Tabelle anzuwenden. Durch die Beträge der Spalte 3

sind auch etwaige Waisenunterstützungen abgegolten, die neben der Witwenunterstützung gewährt werden. Werden ausschließlich Waisenunterstützungen gewährt, so ist die Tabelle nicht anzuwenden. Es ist in diesem Fall Abschnitt 4 Absatz 1c gemäß zu verfahren.

Beispiel:

Ein Angestellter ist im Jahr 1943 in den Ruhestand getreten. Das Deckungskapital für ihn ist nach Spalte 2 der Tabelle zu berechnen. Die Anwartschaft der Witwe ist darin berücksichtigt.

Der Angestellte stirbt im Jahr 1944. Seine Witwe, die 58 Jahre alt ist, bezieht nunmehr eine Witwenunterstützung von jährlich 480 RM. Das Deckungskapital ist nunmehr nach Spalte 3 zu berechnen Es beträgt 480×12=5760 RM. Das Deckungskapital ändert sich nicht, wenn etwa neben der Witwenunterstützung noch eine Waisenunterstützung gewährt wird.

Stirbt die Witwe, so ist die Tabelle nicht mehr anzuwenden. Die Waisenunterstützung ist Abschnitt4 Absatz 1c gemäß zu berücksichtigen.

(4) Die Tabelle ist nicht anzuwenden bei Kassen, die sich die Mittel für ihre Leistungen durch einen Vertrag mit einem Lebensversicherungsunternehmen verschaffen. Bei diesen Kassen gilt ls angemessenes Vermögen der Betrag der Jahresprämie, den die Kasse an das Versicherungsunternehmen zu zahlen hat.

6. Berechnung des durchschnittlichen Jahresbedarfs

(1) Der durchschnittliche Jahresbedarf (Abschnitt 4 Absatz 1c) ist zu bemessen nach dem Durchschnitt der Leistungen, den die Kasse in den letzen drei Jahren vor dem Zeitpunkt der Zuwendung an die Leistungsempfänger bewirkt hat.

Beispiel:

Ein Unternehmer will nach Ablauf des Wirtschaftsjahres 1943 der Unterstützungskasse seines Betriebs einen Betrag zuwenden. Die Leistungen der Kasse haben in den letzten drei Jahren betragen:

im Wirtschaftsjahr 1941 . . . 7 000 RM.
im Wirtschaftsjahr 1942 . . . 6 000 RM.
im Wirtschaftsjahr 1943 . . . 8 000 RM.

21 000 RM.

Das angemessene Kassenvermögen beträgt

$$\frac{21\,000}{3} = 7\,000 \text{ RM.}$$

(2) Hat die Kasse noch nicht drei Jahre bestanden, so ist der durchschnittliche Jahresbedarf zu schätzen.

7. Geltungsdauer

Dieser Erlaß ist, soweit er Änderungen gegenüber meinen bisherigen Anweisungen und der bisherigen Verwaltungsübung enthält, erstmalig auf den Veranlagungszeitraum 1943 anzuwenden. Meine Erlasse vom 15. Dezember 1938 und vom 11. Mai 1940 gelten im übrigen weiter. Ist einer steuerbefreiten Pensionskasse oder Unterstützungskasse vor dem 1 Januar 1944 bereits etwas zugewendet, so richtet sich die Abzugsfähigkeit dieser Zuwendung nach den bisherigen Anweisungen und der bisherigen Verwaltungsübung.

Erreichtes Alter des Unterstützungs-empfangers (Jahre)	Die Jahresbeträge der laufenden Unterstützungen sind zu vervielfachen bei Unterstützungen an ehemalige Gefolgschaftsmitglieder mit	bei Unterstützungen an Witwen (Waisen) ehemaliger Gefolgschaftsmitglieder mit
1	2	3
bis 24	10	20
25	11	20
26	12	20
27 „ 28	13	20
29 „ 30	14	20
31	14	20
32 „ 37	15	19
38 „ 40	15	18
41 „ 43	15	18

Erreichtes Alter des Unterstützungsempfangers (Jahre)	Die Jahresbeträge der laufenden Unterstützungen sind zu vervielfachen bei Unterstützungen an ehemalige Gefolgschaftsmitglieder mit	bei Unterstützungen an Witwen (Waisen) ehemaliger Gefolgschaftsmitglieder mit
1	2	3
44 „ 46	15	17
47 „ 49	15	16
50	15	15
51 „ 52	14	15
53 „ 55	14	14
56 „ 57	14	13
58 „ 60	13	12
61 „ 62	13	11
63 „ 64	12	10
65	11	10
66 „ 67	11	9
68	10	9
69	10	8
70	9	8
71 „ 72	9	7
73	8	7
74 „ 75	8	6
76	7	6
77	7	5
78 „ 79	6	5
80	6	4
81 „ 84	5	4
85 „ 87	4	3
88 „ 90	3	3
91	3	3
92 „ 97	2	2
98 „ 100	1	1

Sachverzeichnis

W

Z

Kolibri 360 GmbH
Ferdinand-Jühlke-Straße 7
99095 Erfurt, Deutschland
produktsicherheit@kolibri360.de